中国青少年研究中心个人著作出版专项资助

光明社科文库
GUANGMING DAILY PRESS:
A SOCIAL SCIENCE SERIES

·教育与语言书系·

青年学学科建设
依据与构想

郑　浩丨著

光明日报出版社

图书在版编目（CIP）数据

青年学学科建设：依据与构想 / 郑浩著 . -- 北京：
光明日报出版社，2021.5
ISBN 978 - 7 - 5194 - 5939 - 0

Ⅰ.①青… Ⅱ.①郑… Ⅲ.①青年学—学科建设—研
究—中国 Ⅳ.①C913.5

中国版本图书馆 CIP 数据核字（2021）第 066813 号

青年学学科建设：依据与构想
QINGNIANXUE XUEKE JIANSHE：YIJU YU GOUXIANG

著　　者：郑　浩

责任编辑：郭思齐　　　　　　　责任校对：张慧荣
封面设计：中联华文　　　　　　责任印制：曹　净

出版发行：光明日报出版社
地　　址：北京市西城区永安路 106 号，100050
电　　话：010 - 63169890（咨询），63131930（邮购）
传　　真：010 - 63131930
网　　址：http：//book.gmw.cn
E - mail：guosiqi@gmw.cn
法律顾问：北京德恒律师事务所龚柳方律师

印　　刷：三河市华东印刷有限公司
装　　订：三河市华东印刷有限公司
本书如有破损、缺页、装订错误，请与本社联系调换，电话：010 - 63131930

开　　本：170mm×240mm
字　　数：175 千字　　　　　　印　　张：14.5
版　　次：2021 年 5 月第 1 版　　印　　次：2021 年 5 月第 1 次印刷
书　　号：ISBN 978 - 7 - 5194 - 5939 - 0
定　　价：89.00 元

序

　　青年学在中国的兴起，若以1986年中国青年政治学院在杭州举办的"首届全国青年学研讨会"专题研讨黄志坚主编《青年学大纲》为标志，至今历时34年。刚过"而立之年"的这门新兴学科，经过30余年的艰辛探索，推进了青年工作学科建设，充实了团干部培训课程，登上了高等院校讲台，植入了社会科学之林，其发展可谓"登山凿石方逢玉，入水披沙始见金"。然而，同诸多历史久远的学科相比，青年学仍相当稚嫩，犹如科学园地的一株幼苗，尚处于发育成熟之途。人类社会科学技术发展史告诉我们，科学园地中任何一门学科的形成和发展，都有一个从稚嫩走向成熟的过程，都是历经若干代人持续的辛勤耕耘，都需要经由一代又一代学者的接力培植，逐渐成长为参天大树。青年学的发展何尝不是如此。

　　正是出于这样的思考，我在今年发表的《论青年学发展之代际传承》一文中，对青年学的未来发展，依据恩格斯"世代更迭"理论，表达了对后来者的殷切期望："青年学科发展路，雏凤清于老凤声。""当今发展青年学的道路上，后来者源源不断，正在接力前行。在全国高等院校和社会科学界，众多新起之秀知识视野开阔，接受运用新知快，熟练网络新手段，同国外交流的外语能力强，拥有高于我们这一代人的许多优势，具有良好的创新意识和创新能力。我坚信，青年学学科建设，必定是一代超过一代，必定将在一代又一代的接力奋斗中茁壮成长为社会学科之林的一棵参天大树！"

恰在此时，中国青少年研究中心郑浩博士送来他的新作《青年学学科建设：依据与构想》书稿，邀我作序。阅此书稿，我的第一观感是无比欣喜，喜见后来者在青年学园地接力耕耘，喜见年青一代的理论功底和科研功力，青年学研究事业后继有人！郑浩博士是1989年生人，属临界80后和90后的新生代。他在获管理学博士学位后，于2019年3月就职于中国青少年研究中心，进入青年研究领域也才一年有余，就推出了这部研究青年学的学术专著，真可谓后生可畏。通观全书，最值得称道的是，作者发挥了自身高等教育学专业的理论优势，把教育学理论引入青年学研究，丰富了这门运用多学科理论对青年工作做综合研究的新兴学科的理论依据，拓宽了青年学学科建设的发展路径。其中，最有价值的学术亮点，至少可以列出下述四点。

第一，作者对青年学这门新兴学科充满热爱，立志从教育学领域横跨一步，把青年学列为学术研究方向，对新时代青年学的丰富发展怀有坚定的学术自信。

第二，作者运用教育学的学科理论和学科政策，论证青年学这门以青年为特定研究对象的新兴学科所具有的独立学科地位，用充足的学理回答了对这门独立学科的质疑，展现了青年学学科建设广阔的发展前景。

第三，作者运用教育学知识生产模式理论，从人类社会知识生产从Ⅰ型到Ⅱ型到Ⅲ型的发展趋势出发，论证青年学运用多学科知识对青年工作做综合性研究的必要与必然，指明用单学科思维的"杂拌"和"拼盘"说评论现代新兴学科的不当，坚持"以我为主，博采众长，融为一体，自成一家"的青年学学科建设方针。

第四，作者视野开阔，全书立足中国国情阐明青年学学科建设的理论与路径，又面向世界，对美国近十年青年研究的发展有新发现，对英国最具权威性的《青年研究杂志》做近十年的调查统计和分析，为我国青年学学科建设同国际接轨开启了一扇借鉴吸纳国际新知的窗户。

新时代，我国青年学发展迎来了新机遇。2015年7月中共中央《关于加强和改进党的群团工作的意见》提出："加强群团工作学科建设，群团工作研究列入国家哲学社会科学研究规划。"这项要求，落实到共青团，首推的是青年学。2017年4月中共中央办公厅、国务院办公厅印发《中长期青年发展规划（2016—2025年)》提出："在社会科学研究机构、高等院校加强青年学研究。"这是党和政府对这门新兴学科的高度肯定，更为这门新兴学科的发展创造了前所未有的际遇与机会。加强青年学学科建设，是落实党中央关于党的群团工作指示的一项切实行动，是实施《中长期青年发展规划》的一项理论建设。由此可见，郑浩博士这部新作具有多么深刻的时代意义，更令我由衷赞赏，并欣然作序以示鼓励和支持。

　　祝贺郑浩博士新作出版！我还想借此机会向进入青年学研究领域的后来者说点期盼话。"后来居上"是历史发展的铁律，一代超过一代是时代的必然。我们这一代人，虽然为青年学的兴起做过一些有益的探索，但在如今加强青年学研究的新征途上，已是耄耋之年，余勇无几，由衷地期盼后来者在青年研究学科化的道路上接替老一代，超越老一代。怎样才能实现超越呢？根据历史经验和新时代发展趋势，当今特别需要从下述四个方面发力：(1) 坚定青年学发展的学术自信，不畏艰辛，不受干扰，深信这门学科对青年一代的成长和培养中国特色社会主义建设者和接班人有强大的理论引导功能，深信这门学科必将在一代又一代人的接力奋斗中茁壮成长。(2) 善于站到前人的肩膀上，对五四运动以来青年研究的历史，对 20 世纪 80 年代以来青年学学科建设的历史，进行学习、了解和继承，以求能比前人看得更远，避免不知前人肩在何处的原地转圈。(3) 勇于在理论创新上下功夫，瞄准青年学研究中的稚嫩与薄弱处，力争在基础理论研究上有新进展，在规律探索上有新发现，在体系构建上有新突破，在实践应用上有新功效。(4) 恪守优良的学德文风，遵从勤奋、务实、严谨、诚信、互尊的治学五要素，自觉抵制不良学风，崇尚做人、做事、做学问的统一。

黄志坚

作于 2020 年 5 月 10 日

目 录
CONTENTS

第一章 学科与青年学学科建设的基本概念

青年学作为一个日益重要的新兴社会科学学科，究竟归属为一个学科还是一个领域，这既是横亘在青年学学科化进程中的基础理论问题，也是限制我国青年事业学科发展的实践难题。2017年，党和国家出台《中长期青年发展规划（2016—2025年）》提出"在社会科学研究机构、高等学校加强青年学研究"，加快青年学的学科化进程，这是我国青年事业发展对青年学学科化建设和高水平知识生产的一次正式呼吁。回顾当前我国青年研究的整体研究水平和研究现实，我们不难发现，我国现有的青年研究从"量"到"质"都难以支撑我国作为"大国青年发展"的国家战略需求，每一名青年工作者都感到"形势逼人，挑战逼人，使命逼人"。青年学学科建设一经提出就面临着随时被终结的命运，学科发展的严峻现实迫使我们重新反思当前我国青年学学科化的主要困境和超越困境的对策。然而，在探究"青年研究是学科抑或领域"的问题之前，我们首先要解决的基本问题就是"学科"

的概念问题，即学科是什么的问题。只有厘清学科、学科制度等术语后我们才能从逻辑上推演出青年学的相关概念。

一、学科的基本内涵

关于学科一词的界定，学界一直存在不同的意见。从词源学上讲，中文的"学科"其实是一个舶来品，翻译自英文单词 discipline。在中文《现代汉语词典》中，对于"学科"的解释主要有三个：（1）按照学问的性质而划分的门类，如自然科学中的物理学、化学。（2）学校教学的科目，如语文、数学。（3）军事训练或体育训练中的各种知识性的科目（区别于术科）。除去第三个解释和我们在学科建设语境的关系不大，前两项都包含着人们对"学科"的一些基本认识和理解。单从字面上可以发现，汉语中的"学科"主要是指体系化的学问（知识），以及由此而形成的学校教学科目，在本质上依然是知识体系的客观呈现。而在西方话语体系中，discipline 的含义也是纷繁复杂的。美国学者沙姆韦（David R. Shumway）和梅瑟－达维多（Ellen Messer Davidow）在《学科规训制度导论》中曾经对"学科"这个词语在印欧语系中的含义，从字源角度进行过较为系统的梳理和探究。

Discipline 的印欧词根应该是希腊文的 didasko（教）和拉丁文 disco（学），这两个相同的词根。古拉丁文的 disciplina 词语本身就具有知识（知识体系）和权力（孩童纪律、军队纪律）的含义，乔叟（Chaucer）时代的英文 discipline 指的是各门知识，尤其是医学、神学和法律等这些新兴大学里的"高等部分"。根据《牛津英语字典》的解释，discipline（学科/规训）为门徒和学者所属，而教义（doctrine）则为博士和教师所有。这就使得"学科/规训"跟实习或练习相关联，而教义则属抽象理论。有了这个分立，就能理解何以会选取"学科"来描述基于经验方法和诉诸客观性的新学科。称一个研究范围为一门"学科"，即是说它并非只是依赖教条而立，其权威性并非源自一人或一派，而是基于普遍接受的方法和真理。Discipline 亦指寺院的规矩，以后则指军队和学校的训练方法。上述两种含义的复杂关系，显示在一门知识中受教，即是受规训而最终具备纪律（discipline），亦即拥有能够自主自持（self-mastery）的素质。

除了上述的词源学分析外，沙姆韦和梅瑟-达维多还进一步对"学科"的发展历史进行了一段著名的论证，从侧面揭示了"学科"的本质。

"学科"一词的各种含义直至最近还是完全正面的。称一门知识为一个学科，即有严格和具有认受性的蕴意。此名称并未揭示知识是透过对知识生产者的规范或操控而生产的，也没有说明门徒训练会产生普遍接受的学科规训方法和真理。"学科"一词持久使用，也表示知识的组织和生产具有的历史特殊性。知识的分门别类以至"一门知识"的含义自古典时代伊始已有根本改变。知识分门分科是由来已久之事。例如，哲学的古典划分（逻辑、伦理和物理）和中世纪的三学科（语法、修辞、辩证）和四学科（算术、几何、天文、音乐）（Kristeller，1951）。13世纪以前，此文科七艺（seven liberalarts）涵盖了知识的划分，并借着中世纪大学的课程结构一直持续不变。"整个学院结构，尤其是北方的教会大学，皆建基于这文科七艺，是所有更高级知识的基础的信念……即使很多这些科目的教学只属启蒙性质和敷衍了事，可是科目本身却被涂上神圣的光环，是学习神学——全部知识的高峰——的必要先修。"即使学院结构继续以文科七艺为基础，对它们的"神圣期望"还说得清清楚楚，可是到了13世纪，它们跟大学里所实际教授的东西已经不大相干。新的学习由辩证法和哲学主导，而非逻辑、语法和修辞。在中世纪的大学中，"学科"变成等同书本的列单，以致在牛津波爱修斯（Boethius）的《音乐的纲要》（*De institutione musica*）被用作音乐教本，甚至医学也纯粹在理论层次上教学（Rashdall，1936）。因为学术科目建基于学院争论的方法，不同学科全赖不同的课本才能区分开来。①

在德语、法语中也有对应的单词 disiziplin、discipline，其含义也基本类似。

---

① 华勒斯坦，刘建芝. 学科·知识·权力 [M]. 北京：生活·读书·新知三联书店，1997：13-14.

总之，在西方印欧语系的文化中，discipline 主要有三层含义：一是大学中的科目、学科；二是智力、道德的训练和训导；三是日常生活中的纪律和训教、惩罚。从这些国内外人们用语的日常习惯我们可以发现，如果人们把 discipline 作为"学科"来理解或者被翻译为汉语中的"学科"时，使用者就很容易关注其中的一个含义而忽略了该词语另外的更多的意义，经常是在一种孤立和不联系的状态下分别使用"知识体系（门类）"或者"规训/规范"等不同含义。

我国学者也从各自不同的专业角度表达了自己对"学科"的理解。学者孔寒冰指出，学科的含义可以从不同的角度加以理解，从担负人类知识传承作用的教育教学的角度分析，学科可以简单理解为学校里的"教学科目"（subjects of instruction），也就是教师教学的科目和学生学习的科目①；从人类知识产生或者说是知识生产的逻辑看，学科就是指系统知识体系中的一种具体"学问的分支"（branches of knowledge），即人类认识世界所依赖的知识体系的分门别类或科学的分支；而从研究机构职能的发挥和大学教学科研功能的实现角度来看，学科又可以被视为学术单位的一种社会建制（units of institution），主要包括教育和研究机构进行教学科研工作的"教学科目""学问分支""学术的组织"这三

①　孙运梁. "权力—学科"规训下刑事法学科的产生、嬗变及其整合——以"权力—学科—知识"理论考察刑法知识形态的尝试 [J]. 刑事法评论，2007（1）.

个基本层次。① 具体来看，"教学科目"完全被包含在学校教育工作中，是知识体系在学校、科研机构工作中的实际依托和主要的工作内容；而"学问分支"和"学术的组织（机构）"则是学科知识的社会存在方式，也就是我们常说的"学科社会建制"和"学科制度"，这种"学科"是不能被高等教育所全部容纳的。最典型的例子，我们常见的工程、外语、管理学、化学、医学等常规科学知识会被高等教育机构以"学科课程"的形式进行讲授和研究。但是，还有很多的科学知识却并未被大学所承认，虽然没有走入大学的课堂成为一种被大学所接受的"学科"，然而这种学科的知识体系也是存在的。当然，以"学术组织（机构）"的形式而存在的学科也是同样的道理。而关于这种社会建制层面的"学科"，我国著名社会学家费孝通先生总结了五点。也就是说，一个成熟的"学科"从社会建制角度，或者说是从"学科制度"的规范上讲，应该符合五个基本特征：一是学会，这是群众性组织，不仅包括专业人员，还要包括支持这门学科的人。二是专业研究机关，它应该在这门学科中起带头、协调、交流的作用。三是各大学的学系，这是培养这门学科人才的场所，为了实现教学与研究相结合，不仅在大学要建立专业和学系，而且要设立与之相联系的研究机构。四是图书资料中心，为教学研究工作服务，收集、储藏、传递学科的研究成果，以及有关的书籍、报刊及其

---

① 伯顿·克拉克. 高等教育系统——学术组织的跨国研究 [M]. 杭州：杭州大学出版社，1994：34.

他资料。五是学科的专门出版机构，包括专业刊物、丛书、教材和通俗读物。① 因此，从学科的社会建制属性或者是作为一种社会组织的"学术机构"的角度来看，学科一直属于高等教育和高等学校的范畴，但是，又绝不仅限于大学。

然而，由于人类社会分工的不断深化，大学在社会知识生产中所占的地位和作用越来越重要，以知识生产和知识体系建构为对象的学科建设越来越成为大学的专属职能，学科的发展也越加依靠高等教育机构。同时，由于大学担负着专业高水平人才培养的社会职能，因此，很大部分的知识体系都进入了高等教育机构，成为本科课程的指定教学内容，高等教育机构也因此成为学科再发展的人才"供给基地"和知识再生产的"动力源"。围绕着高等教育教学、科研功能，学科在大学之中逐渐形成以"学院""系所""学会"，甚至"专门出版机构""期刊/杂志"为支撑的学科发展体系，此时的高等教育机构中的这些学科发展资源也与教育、科研功能进一步紧密结合，形成了服务于本科和研究教学的"图书馆""研究所（中心）""教学研究中心"。因此，原本并非高校所独有的"大学学科"反而发展成人们通常意义上理解的"广义学科"，"学科"也就在一定程度上被窄化为"大学学科"。相对应的，大学在成就了"学科"和"学科知识体系"的同时，大学等高等教育机构对"学科"的依赖也越加深刻。美国著名的高等教育学家伯顿·克拉克（Burton R. Clark）在其著作

---

① 费孝通. 略谈中国的社会学［J］. 社会学研究，1994（1）.

《高等教育系统》中指出："学科明显是一种联结化学家与化学家、心理学家与心理学家、历史学家与历史学家的专门化组织方式。"只要是有高等教育机构存在的地方，"高等教育的工作都按学科（discipline）和院校（institution）组成两个基本的纵横交叉的模式"，并且"主宰学者工作生活的力量是学科而不是所在院校"①。

在这种认识逻辑下，很多学者从高等教育与学科的历史关系出发，对学科进行了定义。学者王建华曾指出，事实上，作为一个专业概念，学科主要是高等教育学的范畴。但遗憾的是，高等教育研究者并没有给予"学科"以足够的"关怀"，高等教育理论中关于学科的论述不多。② 在高等教育研究领域，人们一般认为学科大致包括教学科目、学问分支和学术组织三层基本含义：学科就是以学术科目的区分（数学、物理学、医学等）为基础，在高等教育机构或科学研究机构内建设起来的学术机构（具体如院系、研究中心、学部等），这些机构担负着为所在学科培养专业人才，确保学科学术知识传承与创新等重要功能。正是高等教育机构与学科之间的特殊组织关系，造就了今天高校教师和科研院所的科研人员对其"学科""专业"的归属与认同感远超过了其对所在单位的认同。也正是因为学科的这种知识生产功能和附

---

① 伯顿·克拉克. 高等教育系统——学术组织的跨国研究 [M]. 杭州：杭州大学出版社，1994.

② 王建华. 学科、学科制度、学科建制与学科建设 [J]. 江苏高教，2003（3）.

加的社会组织作用，才让今天的青年学的研究者如此重视"独立学科地位"，急切地需要获得"独立学科身份"，重视自身学科建设问题。基于上述分析，我们也可以从广义的学科与狭义的学科两种视角对学科的含义进行界定。当前，有广泛代表性的学科含义为广义的学科是指一般而言的学问分支或学术组织机构；狭义的学科是指高等学校利用学问划分来组织高校教学、研究工作，以实现高校培养人才、发展科学、服务社会之职能的单位。①

在学科建设的社会建制、社会制度层面，20 世纪法国著名后现代评判哲学家、思想家米歇尔·福柯（Michel Foucault）也在其作品中对 discipline 一词的含义进行了更加深刻的分析。在福柯的理论体系中，"学科"被赋予了知识和社会权力"规训"的双重内涵。在他看来，现代社会所建立的一切学科和知识体系在本质上都可以视为社会规范的一种"知识合法化呈现"，同时，又以学科知识的形态强化学科自身所在的社会建制。例如，"社会学""犯罪学""精神病理学"等学科专业，就是在社会管理、监控、规训大众和惩罚罪犯的实践活动中而发展出来的专门研究体系，反之，这些学科的知识生产又成了强化和管控社会的规训与控制技术。② 对此，福柯曾有一段精辟的论述："在所有的人类社会中，语言一旦产生，就立刻会受到诸多程序的管控、选择、组

---

① 鲍嵘. 学科制度的起源及走向初探［J］. 高等教育研究，2002（4）.
② Devereaux Kennedy, Michel Foucault. The Archaeology and Sociology of Knowledge［J］. Theory & Society, 8（2）.

织以及再分配，学科在这一过程中则组成了话语生产的控制系统，它通过同质性和规范化来对其边界进行标准化处理。"① 高等教育机构作为目前知识生产的主要策源地，同时还承担着教育育人、知识传播的基本功能。因此，高等教育机构与一般的科研机构相比，其最突出的特点就是高校拥有完整的教育教学机制，能够进行学科知识的系统传播，保证学科人才的可持续发展。高校的育人机制与学科知识生产紧密结合，教学和科研形成了相互促进的关系，在一定程度上又催生了所谓的"教学学术"，这又间接促成了现代学科的知识生产方式的雏形，同时也为诸多学科的诞生创建了知识基础。② 随着近现代学科的不断发展成熟，人们开始对以自我经验为中心进行由内而外的自我审视和人类社会发展的反思性研究。人们对世界的探索更加从关注宇宙、自然转向了关注自己，研究从"天上"转向了"人间"。人文社会科学以"社会人"作为自己学科的研究对象，心理学则以"心理人"作为自己的研究对象，经济学则将人视为"理性人"，并在此基础上进一步建造和扩展更加雄伟的学科知识大厦。在这样的学科发展和知识生产过程中，人类既是知识的实际生产者和创造者，同时又被自身所生产的知识"规训"着，进行着自觉和不自觉的知识

---

① Michel Foucault. The Archaeology of Knowledge and discourse on language ［M］. New York: pantheon, 1972: 216.

② Pat Hutchings, S. Lee. Shulman. The Scholarship of Teaching: New Elaborations, New Developments ［J］. Change the Magazine of Higher Learning, 1999, 31 (5): 10－15.

"制度化"。① 现代知识的这种特点从根本上决定了当今人类社会的知识生产是具有多重性的：第一是实践性；第二是体系性；第三是育人性。特别是在高等教育机构中，知识生产实践活动直接把生产知识和人的再社会化同步进行，也就催生了现代我们所见到的学科制度的基本特征：知识生产和高层次专业人才培养的紧密结合。

综合现有的研究文献可以看出，在当前的学科建设研究领域，学科概念基本上包括两方面的含义：一方面，学科可以被理解为一些特殊固定研究领域，随着相关或相似研究成果的聚集而形成了一个较为系统、成熟和完备的知识群。"称一个研究范围为一门'学科'，即是说它并非只是依赖教条而立，其权威性并非源自一人或一派，而是基于普遍接受的方法或真理。""称一门知识为学科，即有严格和具有认受性的蕴意。"② 另一方面，学科还具有知识生产活动的社会属性，也就是我们常讲的社会建制和制度化的功能。一个学科的确定，在这个意义上也就表示该学科确立了一套有别于其他研究领域的研究工作的社会制度或者说是知识生产社会建制，确立起了本学科研究者的学术规范，也就是国外研究者所说的"学科构成了话语生产的一个控制体系，它通过同一性的作用来设置其边界。而在这种同一性中，规则被永久性地

---

① 赵敦华. 现代西方哲学新编［M］. 北京：北京大学出版社，2011：263.
② 周雪光. 制度是如何思维的［J］. 读书，2001（4）.

恢复了活动"①。也正是因为"学科"含义的双重性和多样性，才会出现目前我们在探讨学科问题时的语义混淆的问题，"课程""学科""专业""学术"等词语的混合、交叉与重叠，在一定程度上都是上述两种含义的交叉而导致的。

有学者从知识与社会的关系角度出发，把知识生产置于社会分工的总体系中，这样学科就成为社会劳动的一部分，成为一种专门生产知识的行业，学科也就成为一种名副其实的知识生产制度。学科作为一种社会生产的方式，也就具有了一种人类分工体系上的"排他性"，负责知识生产主要职能的高等院校和学术组织机构据此而形成了社会各种知识生产制度，成为社会建制层面的学科基石。例如，在西方的古希腊时代，当时的智者学派常常将人类知识的分类与当时的社会阶层结合起来，针对不同的社会阶层群体形成了不同的知识分类：在希腊城邦的合法公民群里流行的知识被视为"自由的知识"；相反，奴隶或者外邦异族人的知识则被视为"奴性的知识"。在如此的知识分类的话语体系中，知识就不仅是人类认知经验的总结和系统梳理，而且被赋予了更多的社会学含义，逐步与人类社会分工、阶级地位等社会资源相互对应。更深层次的，又可以和柏拉图所提到的人的特质相结合，促使社会权力与知识在古希腊社会的高度结合。古希腊式的知识生产制度和社会资源的关系十分鲜明地体现了学科作为一种社会

---

① 华勒斯坦，刘建芝. 学科·知识·权力［M］. 北京：生活·读书·新知三联书店，1997：35.

建制存在的重要性和巨大作用，这也符合现代制度经济学所持有
的观点。我们需要一种比喻（analogy）以便将那些关键的社会关
系的正式结构建筑在自然或超自然世界中，永恒世界中，或者其
他的去处，关键在于使得精心策划的社会建构隐而不显。① 这种
漫长的制度沉淀和知识分类，形成了历史悠久的人类对学科制度
的推崇和固化认知。学术建制层面的学科概念，具有社会内隐制
度的隐蔽性和固化特征，人们一方面在学科分类体系中进行着知
识生产，另一方面，也在这种学科分类体系下不断地进行着人的
学科思维的再生产，并通过以知识为主要内容的学科体系，将人
嵌入知识等级的体系中，进而在人们不知不觉中，从根本上固化
和整理了人类的社会秩序。

　　因此，我们可以说，负责知识生产的大学、专业科研机构也
就凭此而获得了学科知识和学科研究等知识生产资料的话语权，
从而在一定的历史时期内垄断了知识生产活动和学科建设的发展
发现，并进一步分享了统治阶层的权力，将学科、知识和权力
"规训"进行了高度的综合。在如此的学术秩序下，学科就成了
学术共同体内部进行知识生产、内部组织发展的基本单位，学术
话语体系中的各种生产要素和管理因素都受制于学科门类的划分
及其由此而派生出来的权力、利益联系。作为一种社会建制而存
在的学科，通过严格的研究范式和严密的知识体系构建，在规范

---

①　道格拉斯·C. 诺斯. 制度、制度变迁与经济绩效［M］. 杭行，译. 上海：格致出
版社，2009：57.

化知识生产和人才培养层面具有独一无二的体系优势，当然，这种制度化的学科知识生产也存在着不可回避的缺陷，即知识垄断所带来的学科偏见，以服务私利为尚，忽视大众需求，建立虚假权威。①

如果把学科定位为一种社会建制而存在的知识生产制度，那么，学科就被赋予了知识生产和专业人才培养的双重类型。作为专门的高水平人才培养的制度，学科就被内化为高等院校的一个固定职能，并表现为一整套严格的专业人才培养标准和培养活动流程，形成了从"入门新手"到"资深专家"的完整制度体系。作为社会建制而存在的学科，其完整的含义就是一种既包括知识生产制度又包含专门高级人才培养和标准规范的制度，是知识生产制度和人才培养制度的综合制度。以人才培养为核心的高等教育机构和以科学研究为主要职责的专业学术机构，虽然在知识生产和人才培养两种学科建制上的侧重不同，但都是社会建制层面的学科的重要组成部分，是人类知识生产的两个主要因素和发展动力，二者缺一不可，互为动力。从这种学术视角去解读和理解学科的社会制度属性和含义，我们才能更加确切地理解作为社会建制的"学科"本质，把握大学等高等教育机构在现代学科制度中的重要作用，理解我们为什么要争取将青年学作为一门独立学科来进行建设的必要性和急迫性。

----

① 华勒斯坦，刘建芝. 学科·知识·权力 [M]. 北京：生活·读书·新知三联书店，1997：35.

通过上述的分析，基于现有研究对学科的定义和理解，笔者在此尝试提出"学科概念综合体"的概念，用于归纳和概括学科的主要内涵。在我们常见的科学研究中，学科应该包括两个基本层面的含义：一是理论层面，从知识生产结果的角度，学科是人类知识生产成果的系统化，是人类知识的体系化呈现；二是实践层面，从知识生产的过程角度，学科则意味着知识生产活动运行的制度（见图1.1）。在本书中，笔者主要是从理论层面和实践层面对"学科"进行分析和论述的，为了确保其意义的明确性，也会在适当地方加以说明。

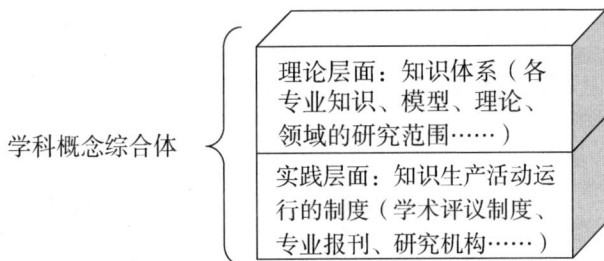

学科概念综合体 {
理论层面：知识体系（各专业知识、模型、理论、领域的研究范围……）
实践层面：知识生产活动运行的制度（学术评议制度、专业报刊、研究机构……）
}

图1.1 学科概念综合体的基本结构

二、学科产生的内在逻辑

要真正理解学科的本质，就须从学科产生的内在逻辑角度进行更加深刻的分析。人类为什么需要学科？没有学科又会怎样？这两个问题是很多初次接触到学科建设问题的人们比较困惑的问题，这些困惑的背后是在问：学科为什么会产生？学科具有何种作用？其实，只要我们知道了学科产生的内在逻辑，就会明白学科的重要性，更会加深我们对学科概念的理解。

从人类学术史的宏观角度讲，人类社会产生学科是基于两个最基本的假设。一个是人类认知中对客观物质世界的一种秩序化、结构化的认知习惯，对人类客观世界进行了结构性的定义。这种习惯和定义的根源至今没有定论，有可能是源自人类基因深处，也有可能是人类早期对自然、宗教等神秘力量的一种敬畏。这里所指的客观世界的秩序，在本质上就是客观世界所具有的一般规律，如同古希腊哲学家一直探究宇宙的构成元素一样，希望能够通过分析来找出构成世界万物的一个或者多个元素，这种秩序是客观的存在，从来不以人的意志为转移。概而言之，世界的秩序可以分为内在秩序和外在秩序，内在秩序一般是人们对事物内在关系的追求，典型的例子就是牛顿力学；而外在秩序，最直接的表现就是我们所熟悉的，通过归纳总结来寻找事物特征的共性，对其进行归类，存在类的不同和差异。通过把事物归为各种门类来对客观世界进行描述，在逻辑上是不成问题的，但是，却存在一个主观与客观是否一致的问题。因为，类是人类通过总结归纳得出来的，本质上依然是人的意识对客观世界的主观反映和描述，这种描述是否客观，是否真的符合世界的本来特征就值得我们深思。这就导致了我们关于这个学科产生的内在逻辑的第二个假设——认识主体的问题。既然关于世界表象的描述是人们对客观世界的表达，那么，如果不存在人这个认知主体，或者是其他物种来对世界的类进行划分，其结果可能会与今天的世界大不相同。换言之，如果没有人的存在或者人没有今天这样的认知能力，那么，今天的世界是什么样子，还有是否存在"世界"这个词语的表达都是问题。总之，没有人这种认知主体的存在，就没有作为秩序化而存在的认知世界，人类知识体系的建立就无从谈起。

因此，人的存在是今天这个对象化世界存在的前提和基础，也是作为知识体系而存在的学科存在的基石。当然，仅是因为有人的存在而有学科知识，这种推断显然难以成立，所以，只有在人具有理性，即人与动物在认知能力上存在本质区别时，人才有能力去构建今天这种景象的人类世界。换言之，人所独有的理性认知能力和与之相匹配的秩序化认知习惯，探寻"上帝造物"奥秘的宗教敬畏和好奇心，以及人类随着进化和社会进步所日益增加的对客观世界进行"解谜"的征服欲，形成了人类科学在认识世界过程中不断进行公式化、工具化的秩序思维方式，试图解构和结构化人所处的客观物质世界。总之，具有理性认知能力的人是这个世界呈现秩序化、结构化的基础，客观世界再也不是混沌和无法理解的客观存在。在人类认识世界、利用世界和改造世界的内在需求下，世界就逐渐地被秩序化（也许这种秩序化和结构化更符合人类的生存习惯）。这种秩序化的最经典形式就是源自古希腊的知识门类，将世界的知识划分为不同的门类，以方便人们在需要时进行及时的知识信息定位和抽取。所以，我们可以从实用主义的角度去诠释和解读人类的学科知识体系：今天我们所说的由各学科搭建而成的知识体系，就其本质而言，只不过是人类从自身认知结构和使用角度出发对客观世界进行的主观改造，人类将一个原本统一的客观知识世界割裂、重组为一个个分属不同认知习惯的"知识类别"①，只是人类为了方便知识使用而采取的一种知识识别技术。

在人类社会发展的早期，由于系统理论和复杂性思维还没有形成，这种分门别类的归纳、分类逻辑就成了人们了解和认识世界的最重要的思维方式。人类遵循着秩序化世界的思维逻辑，认识的方法和手段开始从最简单原始的分类总结，到近现代严谨复杂的还原、归纳、推导、演绎及实验、公式等，人类对这种分类的认知方式也越加深刻和细致。生物的研究从动物细分到细胞，物理学的原子也被精细到了量子，这种碎片化、切片式的认知方式就使得我们今天的思维方式越来越细致，整体宏观的世界被不断地分解到一个个细小的"专业"或者"领域"中，局限于不同专业背景中的个体也越来越感觉到知识社会所带来的"隔行如隔山"的感觉。在被不断细分和秩序化的世界中，每个人都置身于各自独立的知识体系中，并在此基础上形成了一套独立的话语体系、研究方法、运行机制等，这些被美国著名的科技哲学家库恩称为"范式"。基于这种专业知识范式的人们，形成了"学术共同体"，致力于将这些领域内的知识进一步细化和系统化，并一

①　闫光才. 高等教育研究的学科化：知识建构还是话语策略？［J］. 北京大学教育评论，2011（4）.

步一步地形成了具有排他性的严格规范，也就是实践/制度层面的学科，用以实现本专业领域内成员的培养，划定学术共同体成员的基本从业标准，保障本专业知识和人员的可持续发展。在这一过程中，这种知识的划分也就实际形成了某学术共同体相对于非该领域专业人群的相对优势，赋予了这些学术共同体在社会群体中的优势地位，这就为当下知识社会中大学和专业学术团体的学术垄断特权奠定了基础。

在上述分析中，我们从人类社会分工和人类对客观世界的认知过程的角度了解了人与自己认识对象之间的关系，透过这种历史事实分析，我们可以更加直观地认识到学科产生的内在逻辑及学科的本质。从学科产生的内在逻辑去理解，学科就是一种典型的人类认知结果的构建，也就是人们出于自身认知习惯和方便而主观搭建的基于分类秩序的经验体系和与之相配合的认知规范。这种基于人类自身认知而建构起来的规范性学科体系，在17世纪牛顿力学的巨大胜利中被飞速推广，以至于发展成为人类知识体系的基本路径。从此，被冠以"科学"之名的自然学科思维快速占领了重视"知识总体性""人类内在精神"的传统人文学科，分门别类地进行人文知识管理。特别是20世纪中后期，以社会现象、人类行为、社会组织等为研究对象的社会科学出现，都把利用数学公式进行研究视为人文社会科学的追求，人类的整个知识体系开始陷于科学的"精密计算"之中。"现代人让自己的整个世界观受实证科学支配，并迷惑于实证科学所造就的'繁荣'。

这种独特现象意味着，现代人漫不经心地抹去了那些对于真正的人来说至关重要的问题。只见事实的科学造成了只见事实的人。"① 在这种科学思维的主导下，各个学科，包括原本强调整体性和解释性的人文社会学科，都开始通过强调自身的"独特性"来为自己的"合法存在"进行辩护。由此带来各学科之间的学术界限日益明显和突出，即使是在一门学科或者某一专业的内部，学者也会因为各自所持的观点立场、研究方法、专业术语的不同而进行研究方向、研究领域的划分，在学科内部产生一道又一道的学科间隙和学科分歧，让学术共同体形成更加细致入微、更加故步自封的"碎片化"分门别类的知识格局。今天，科学界呼吁进行学科交叉和融合的呼声有多么强烈，就反证了现在学科分类和学科分裂有多么牢不可破。

现代科学发展的伟大成就表明，人类对知识的自主性建构和由此而带来的学科知识的不断分化对人类的知识增长意义重大。甚至可以说，如果没有人类知识的专门化和具体门类的划分，就不会有今天人类知识的几何式增长，更不会有今天所谓的现代社会，不断分化的精细的学科知识也为以后进行学科融合和综合化知识的发展提供了基础。但是凡事都是利弊参半，分科知识带来的最大问题就是，知识与人们日常生活的距离日益增加，人们难以用分科知识还原和描绘日常生活。原因在于，生活总是系统和

---

① 胡塞尔. 欧洲科学危机和超验现象学 [M]. 张庆熊，译. 上海：上海译文出版社，1988：5-6.

完整的，不会被划分为一个一个具体的学科，我们不可能将人类的某一件事情完全用一个学科知识来解决，显然必须是多学科的视角和跨学科综合知识的运用。例如，西方医学虽然是建立在科学的分科思维之上，但是它本身也不可避免从一个宏观和系统角度看待问题，我们很难想象一个牙科医生只懂得牙齿的医学知识但是不懂血液的常识或者是人体的整个构造。这些血液、人体构造等知识可能与牙齿关系不甚密切，但确实是进行牙科医疗的基础，因此，我们很难说利用分科知识可以进行正常的生活。总而言之，学科从其产生的内在逻辑上分析，只是人们对客观世界的一种主观反映，学科知识也只不过是人类针对某一类现象而进行的分门别类的"经验"梳理抑或本质规律的认识。但是无论如何，人类的学科及其构造的学科知识体系"充其量所通达的也只是我们对所置身世界的某个局部甚至仅是某些细枝末梢"①。

虽然学科分化带来了人类知识图谱的碎片化，但是，每个细分的学科或者说是由知识体系所形成的制度对于从事该学科研究的人来讲其意义都十分重大。今天的人类社会正处于德国著名社会学家乌尔里希·贝克（Ulrich Beck）所言的"风险社会"中，社会系统变得异常复杂，存在无限的变动性和不可预测性。作为独立个体的研究者或者社会人很难再单打独斗地在这个多变的"风险社会"中生存，而必须透过一系列的制度化设计，将有限

---

① 闫光才. 高等教育研究的学科化：知识建构还是话语策略？［J］. 北京大学教育评论，2011（4）.

理性的研究群体凝聚在"学科"这种知识制度和知识生产制度中，从而获得作为职业研究者存在于社会上的价值和意义。因此，学科在每一个分支的知识体系的研究者心目中都是一个心灵归属，给予某一学科的学术共同体以归属感，而这种归属感又被制度化为学术组织和组织赖以存在的秩序、传统和规章等。对于今天的科研人员来讲，跨学科、超学科、学科交叉等，更大意义上可能仅是学术研究的未来发展趋势，限制在研究方法层面，学者安身立命的根本还是在于每一个其所在的狭隘"学科"，没有知识的分化，知识融合和学科交叉就无从谈起；没有"学科"制度的存在，学术共同体的生产力就不能形成。总而言之，学科化生存既是人类知识不断分化的现实结果，更是每个学科学术共同体获得专业特权、职业合法性的重要基础，由此延伸而来的社会地位、工作福利、精神依托更是每一个从事知识生产的人所必需的社会制度依托。

三、学科制度的定义

通过上述分析，我们对学科和学科的本质有了一个较为全面而深刻的理解。一般情况下，与"学科"一词紧密相连的还有"学科制度"这个专业名词，我们仅从字面上也可以知道"学科制度"其实就是关于"学科"的一种"制度"，重点在"制度"上。制度经济学普遍认为"制度是一个社会的游戏规则，更规范地说，它们是为决定人们的相互关系而人为设定的一些制约"①。由此可见，制度更多的含义是"制约"和"限定"，制度用明确的方式确定了哪些是什么，哪些不是什么。因此，所谓"学科制度"其本质就是关于学科的规定和规范。由于学科概念的双重性，这里的学科规定和学科规范就涉及学科的标准，具体来讲就是：第一，从理论层面上看，符合哪些标准的知识体系才能被认定为"学科"，以及符合哪些标准的研究行为可以被视为某"学科"内的行为，或言之为具体的"学科范式标准"；第二，从实践层面分析，则是社会实践层面的规范，就是作为一种社会制度的"学科制度"应该具备怎样的特征。关于前者，比较权威的说法是，拥有独一无二、特定的研究对象；形成了体系完备而独特的基础理论体系；拥有自己学科专业特色的研究方法和专业的学术话语体系；产生了代表性经典学术专著和学科代表人物。② 近年来，人们更多的是从学科研究方法的独特性角度而言，这里主要是指库恩所谓的学科研究方法的不可通约性。后者更多的则是从社会机构、期刊等社会实体的角度进行分析。

此外，还有很多研究者对于学科标准提出了自己的见解，有的学者认为判断学科成立与否的标准是理论的抽象性和学科知识的系统性；也有学者认为学科是因其学科历史传统而定，历史久

---

① 道格拉斯·C. 诺斯. 制度、制度变迁与经济绩效 ［M］. 刘守英，译. 上海：三联书店，1994.

② 王建华. 学科、学科制度、学科建制与学科建设 ［J］. 江苏高教，2003（3）.

远的哲学、医学、神学等学科自然而然地就是学科，新兴的学科因为其学科历史不够长久，因而，一段时间内也不能被视为学科。简而言之，学者对于学科的标准的解读是多种多样、各有侧重的。也正是由于学科制度的解读和界定多种多样，因此，我们在本书中就更应该确定一个较为严谨和统一的概念。

从总体看，在本研究中，对学科制度的理解要从两个方面去把握：一方面，要把握住学科与学科制度的区别，学科制度是对于学科成立标准的规范和规则的表达，不指向知识体系内容和知识生产活动本身；另一方面，学科制度更多还是从学科综合体的"理论层面"进行规范的，它具体限制了理论知识体系成为学科的制度标准和研究方式方法规范。学科制度的"目的在于形成一种知识，或思想传统（intellectual tradition），或具体地说是一种研究纲领（research program），以便同行之间相互认同为同行，以便新人被培养训练成这项学术事业的继承者"①。

此外，学科建设的另一层含义则是从学科的实践层面进行理解和表述，很多学者习惯将之称为"学科建制"或者是"学科制度"（disciplinary institution）。这是对学科在社会实践活动中社会建制进行了规范，重点突出了学术组织机构、行政等级、学术期刊等社会物质层面的东西。所以，从广义的角度理解，学科制度其实包括理论层面的学科知识制度和实践层面的学科社会建制，前者更加倾向于知识生产和知识体系内部的规范、标准问题，是

---

① 吴国盛. 学科制度的内在建设［J］. 中国社会科学，2002（3）.

内向性的学科制度；后者则关注学科在社会中存在的组织机构、制度资金等外在社会实践问题，是一个外向性的学科制度。而从狭义的角度分析，学科制度倾向局限在理论层面的学科制度，重点关注学科知识生产和知识体系建设的问题。

　　本书中所提的学科制度则是从广义的角度进行界定的，这样就更加容易描述和分析我国青年学学科建设中存在的两种层面的问题，将现有研究成果进行较为合理的分类和总结。其中，学科建制主要是采用费孝通先生所做的五要素划定：规范的学会组织、专门的研究机构、在大学中成立了相应的专业学科、专门的资料中心、学科专属的图书出版机构/学术期刊。

四、青年学学科建设研究的主要问题

（一）青年学学科建设的研究历程

　　青年群体的研究到底是一个研究领域还是一个独立的学科？这一问题从青年研究的诞生之日起就成为萦绕在每一位青年研究者心头的困惑。从 20 世纪 80 年代末开始，以黄志坚、金国华、邱伟光、邹学荣等为代表的国内老一辈青年研究专家就陆续推出大批高质量的青年学专著或教材，标志着新兴社会科学学科即"青年学"在中国诞生。从那时起，中国的青年学研究者就不断地对青年学进行基础理论研究，开始搭建中国青年学的学科大厦。

　　回顾青年学 30 年的历史进程，我们可以总结出青年学发展的基本脉络，大致可以划分为三个阶段。第一个阶段，大致从 20 世纪 80 年代末到 21 世纪初，属于青年学建立后迎来的第一个黄金期。这一个阶段，学者围绕青年学的基本概念、研究对象、学科地位等进行了"元青年学"问题深刻探究。今天我们所能看到的有关青年学研究的学术成果大部分是该时期贡献的。正如黄志坚教授总结的那样，综合分析这一时期出版的青年学著述，大致可以分出四种类型：第一，教材类。主要服务于高等教育和青年工作者培训的需求，如黄志坚主编《青年学》，王培夫、戎国栋主编《青年学教程》，邹学荣主编《青年学概论》，黄志坚著《青年概论》，金国华主编《青年学》。第二，著述类。主要着重于理论的探索，如谷迎春、杨张乔著《青年学概论》，金国华著《现代青年学》，邱伟光主编《青年学》，黄振平著《青年研究学》。第三，辞书类。主要汇集、诠释青年学及其相关学科的名词概念，如吴广川、陆建华分别先后编纂的《青年学辞典》。第四，普及和在青年教育工作中的应用类。如金国华著《简明青年学》，刘春波、江洪著《应用青年学》，吴焕荣、刘向英编著《青年学和青年工作》，熊建生著《青年学通论》，邹学荣主编《青年学专题研究》。① 第二个阶段，大部分学者认为是从 21 世纪初至 2014年，这段时间是我国青年学建设和研究的低潮期。由于老一辈研究者的离退休，而新继的研究人员对青年学学科理论、学科建设

---

① 黄志坚. 青年学新论［M］. 北京：中国青年出版社，2004：11.

这种小众和冷门的研究问题热情不高，因此，该时期的研究成果不多，特别是关于青年学基本理论的新专著和新教材研究基本没有新的学术成果。学术期刊发表的论文数量也偏低，并且以瞬时作者为主，虽然以吴鲁平教授为代表的一批学者依然为青年学研究持续发声，但目前暂时还没有形成类似第一阶段那样众多的研究者群体，青年学研究从一时的"显学"变为一个小众研究领域。第三个阶段，是从 2015 年至今，青年学研究迎来了 30 年后的第二个黄金期。而本次的青年学研究的再次兴起，很大程度依然可以视为国家的外在推动。2015 年 7 月，中央召开党的群团工作会议，随后颁布中共中央《关于加强和改进党的群团工作的意见》，明确指出："加强群团工作学科建设，群团工作研究列入国家哲学社会科学研究规划。"新时代党的青年事业发展和青年群体的新特征都呼吁更高水平的青年研究成果，也就反向推动了青年学的学科建设。万美容和袁光亮等学者分别主编出版了不同版本的《青年学概论》，更新了青年学的基本原理，也在一定程度上创新了青年学学科的研究内容。

现有的学术知识虽然为我们进一步深化青年学学科建设奠定了很好的理论基础，但也留有提升的研究空间：第一，现有的青年学研究主要是集中在青年学原理或是"元青年学"的探究上，对如何进一步开展青年学学科的实际建设等问题涉及不多；第二，当前的青年学建设研究大多是从政治学、社会学等角度进行分析的，由于时代和专业背景的客观限制，没有充分结合近些年兴起的学科建设理论、知识生产模式等新的理论视角进行分析。因此，笔者尝试从高等教育学、知识生产模式、学科建设理论等角度，结合我国学科管理的相关制度和管理规定等，对我国青年学学科建设实践给出不同视角的理论分析。

（二）青年学学科建设的研究内容与价值

青年学学科建设的问题在本质上应该属于青年学研究的一个方面。如果说青年学是回答"青年学是什么""青年学的研究对象是什么""青年学的研究方法是什么"等关涉青年学基本理论问题，那么，青年学学科建设就是一个偏向于学科建设实践的理论与应用相结合的综合研究，因此，青年学学科建设研究既具有很强的理论性也具有很强的现实感。

青年学学科建设研究的主要内容可以分为理论和实践两个层面。概言之，在理论探究上，青年学学科建设研究主要是站在"青年学"是一门独立学科的立论点来回答"青年学为什么是一门独立学科""青年学学科应该如何实现知识生产"等学术问题。这就与"青年学基本理论""青年学元研究"等研究方向进行了一定程度的区分，使青年学学科建设的研究更加聚焦。在实践层面，青年学学科建设研究主要是从科学研究、人才培养和服务社会等现实角度探讨青年学学科在高校、科研院所等机构中的实际建设和发展问题。这就与高等教育、学科管理等研究出现了交叉重合，便于将高等教育研究中的学科建设成果引入青年学学科建设之中，拓展了青年学学科的理论视野和研究领域。同时，更将青年学学科建设工作与高校学科建设和人才培养等实践情境相结合，尽量避免青年学学科建设的"空谈"。

（三）青年学学科建设的研究意义

高质量的青年工作需要高水平的青年理论，高水平的青年理论呼唤高质量的青年研究，而研究发展的根基在其学科建设。基于此，共青团中央将青年学视为青年工作科学化和青年研究学科化的一个重大成果，同时也极力倡导其在青年工作实践中的应用。因此，我们推进和加快青年研究学科建设的出发点和最终归属也是希望能够以学科化来保障高水平的理论产出，从而服务于党和国家的青年事业。宋德福同志（时任团中央书记处第一书记）在1987 年就明确指出："建立青年研究的科学体系，使青年研究向学科化发展，并不是我们的全部目的。马克思主义哲学认为，十分重要的问题，不在于懂得了客观世界的规律性，因而能够解释世界，而在于用这种对于客观规律的认识去能动地改造世界。所以，一方面，我们的青年研究工作从一起步就要注意它的实际应用，使之在实践中汲取养料，在实践中丰富发展，在实践中臻于完善；另一方面，要善于使广大青年工作者包括广大青年自觉地在工作中、生活中应用，最终把整个青年工作都纳入科学的轨道。"①

_____

① 黄志坚. 青年学 [M]. 北京：中国青年出版社，1988：1.

也正是基于上述分析，我们今天才重新审视青年学学科建设的问题，希望能够最大限度地体现青年学学科建设研究在当代的理论和实践意义。首先，抛出问题，引发争鸣。问题是争论的开始，笔者以另一种方式重新提出颇具争议性的研究问题——青年学学科建设，希望能够得到学界更多同人对青年学学科建设和发展的关注，并对此发表更多的新观点和新思想。其次，拓宽视野，创新理论。本书首次在青年学学科建设中引入和借鉴了高等教育学中较为成熟的知识生产模式理论和学科建设理论，希望能够进一步拓展青年学研究的视野和角度，借助多学科融合来促进青年学学科建设的理论创新，丰富青年学科的理论体系。最后，服务实践，面向改革。青年学学科建设问题的落脚点在高校和科研院所的青年学科建设工作和人才培养工作上，也可以说，青年学学科建设在很大程度上就是一个教育教学的实践问题，关系到共青团、青年工作队伍未来发展的专业人才培养和供给。因此，青年学学科建设有必要成为青年学研究大家庭中的重要一员。

第二章　当前我国青年学学科建设的
主要困境与超越

一、青年学学科建设的主要困境

学科发展遇到困境是每一门学科的必经阶段，也是学科进步的一种表现形式。即使是人类最为推崇的自然科学学科，学科在经过长足的发展后也会步入平稳发展的"常态期"和问题频发的"革命期"，通过少数科学家的"范式革命"将学科发展推入更高水平的"常态期"。这种螺旋式的递进范式组成了人类科学革命的轨迹和知识学科发展的历史。因此，面对青年学学科建设中的困境，我们应该从一个更加全面和客观的角度来审视，既不应过分夸大其中的问题而妄自菲薄，更不能忽视存在的困境而自欺欺人，要正确认识青年学学科建设中的主要困境。

（一）学科困境是学科发展的必经阶段

就学科的本质而言，学科是一个兼具人类知识生产和社会建制的多因素双重复杂系统。一方面，知识是学科存在的基础，学科通过生产科学知识为学科自身存在的合理性提供辩护，是系统知识存在的形态。另一方面，随着人类知识的不断增长，学科在知识划分和维护知识可持续生产中的作用和地位日益重要，开始成为一种具有学术团体意义的社会建制。这一系列有关知识生产的方式、理论、学术组织、成果发表制度等形成了库恩所谓的"范式"。因此，学科在很大程度上已经具备了上层建筑的属性，受到其他社会因素的影响，这决定了学科建设活动的复杂性和艰巨性，并非单纯的学术科研活动，更可能涉及诸多非学术因素。总之，在这个复杂的系统中，构成学科知识生产的任何因素都具有导致学科产生困境的可能。

从人类学科发展的历史看，学科发展陷入困境是学科发展的必经阶段。1962 年，美国科技哲学家库恩在其著作《科学革命的结构》一书中首次提出了具有生物进化性质的学科发展模型，即"前科学—常规科学—科学危机—科学革命—新的常规科学"（"前范式—范式—范式竞争—范式更迭—新范式"）模型。他引入核心概念"范式"，指出在新范式优于旧范式的情况下，科学家共同体对范式的心理转换是科学发展的原因。① 对于新兴学科而言，在"前范式"学科阶段面临的困境主要是生存危机，也就是学科如何依据现有学科标准来获得存在合法性的问题，今天的青年学学科建设就处于该阶段。而相对成熟的学科，更多的是研究范式和理论的突破与创新，以及如何突破学科发展瓶颈期，如何更好地发展的问题。最典型的例子，就是19世纪末期物理学发展的困境，当时以经典力学、经典电磁场理论和经典统计力学为三大支柱的经典物理大厦已经建成，物理学研究似乎已经结束，物理学家处于一个完美的学科范式阶段。但是，爱因斯坦等物理学家提出的量子力学、相对论等理论引发了物理学的科学危机与科学革命，这在很多经典物理学家看来无疑是一场学科发展的重大困境。因此，从学科发展的普遍规律来看，学科困境贯串学科发展的全过程，是学科发展的必经阶段。

从学科的内在属性分析，学科建设具有的多因素双重复杂系统性导致学科发展出现困境成为一个大概率事件；从人类学科发展的历史看，学科困境是学科发展的宿命和必经阶段，学科不同发展阶段具有不同形式和性质的困境。可以说，学科困境与学科发展是一种伴随共存的关系，学科困境是科学发展的必然产物，需要学科所属专家和研究者进行学科自身建设与发展的思考。总之，学科困境是学科发展的一个必然阶段和正常状态，在认知心

---

① 谢梦菲. 唯物辩证法视角下的库恩科学发展范式模型［J］. 自然辩证法研究，2007（4）.

态上不应过分焦虑和自卑，当然也不能视而不见听而不闻，应该在保持适度危机感的基础上客观理性地正视和应对学科发展困境。

（二）青年学学科建设困境的主要表现

在我国的学术环境中，青年学学科建设包括学科建制与学术知识生产两个方面，二者在一定程度上是相互融合的共同体。一方面，我国青年学作为一种学科的社会建制，同我国的教育制度、学科管理制度密切相关；另一方面，青年学属于一种知识生产的产物，是关于青年现象、青年问题和青年发展规律的系统知识总结，作为一种知识形态而存在。相对应地，学术界常把学科建设的困境划分为两种基本形态：学科建制困境和知识体系困境。从学科困境对学科发展所产生的影响程度上，又可以将学科的困境分为发展性困境和生存性困境两种基本性质。其中，发展性困境是学科在建设发展过程中时常会遇到的发展瓶颈，一般会以范式竞争、范式更迭的形式加以克服和解决，不会对学科的生死存亡产生根本性的影响。相反，生存性困境则是关涉学科存亡与否的关键困境，决定了学科自身存在的价值问题。① 目前，我国青年学学科建设困境从形态上看，表现为以学科建制困境为主，同时伴随着学科建制困境与知识体系困境的不断交织；二者的叠加效应又将学科困境的性质演变为影响我国青年学"生死存亡"的生存性困境（见图2.1）。

_____

① 叶桂仓．制度性危机：高等教育学的学科危机新趋向［J］．江苏高教，2018（5）．

困境的形态

外部

学科建制困境

青年学

发展性困境 生存性困境 困境的性质

不严重 严重

知识体系困境

内部

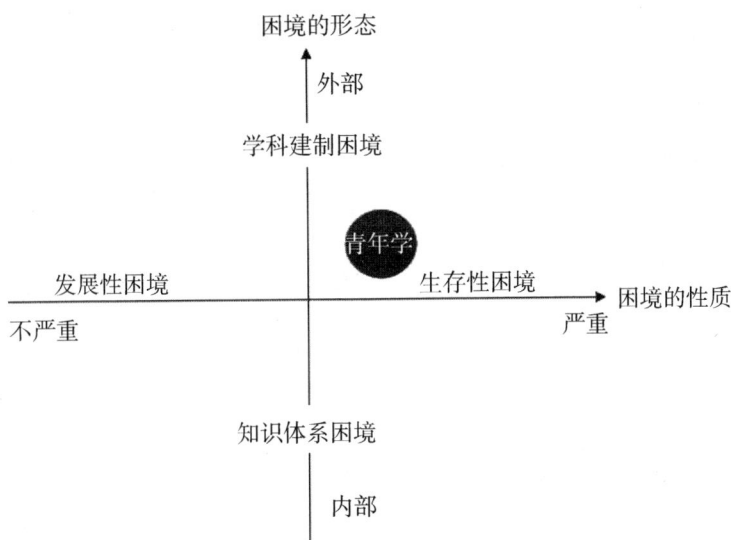

图 2.1 我国青年学学科建设的基本类型

　　具体来讲，青年学学科建设的学科建制困境，是指有关学科
建设的外部社会制度保障与建设，重点关注社会资源与学科自身
发展的协调关系，主要涉及政府的学科管理制度，学术组织、学
术出版交流、高校人才培养、建设经费等社会资源获取等。总体
上看，由于我国青年学是典型的应用型社会学科，相对于因自身
学科知识积淀到一定水平而形成的"内在自生型"的传统社会科
学学科创立而言，我国的青年学有着因客观外在社会和政府政策
需要而创立的独特"外在后发型"产生与发展路径。在我国现行
的学科管理制度下，青年学学科建制体现出了典型的"制度附着
型学科"特征，即由于学科自身知识积累和生产的不足，外部学
科制度和行政管理模式变革等人为因素经常使青年学面临生死存

亡的境地。① 因此，在现阶段，青年学学科建设的主要目的就是要获得我国《学位授予和人才培养学科目录》《关于审定学位授予单位的原则和办法》等相关学科、学位管理制度的承认与授权，从而获得学科发展的其他社会资源。需要青年研究者警醒的是，学科成立与否的标准，并非学科被纳入国家《学位授予和人才培养学科目录》，争取进入学科目录也仅是青年学在现实中实现"救亡图存"目的的一种战术选择。青年学学科建设的这种借助行政力量发展的策略，虽然在学科早期可以快速促进青年学学科建设的进程，但是，当国家学科管理制度和高校学科建设环境发生变化，青年学的学科进程也会受到较为直接和重大的影响。可以说，学科建制困境虽然是青年学学科建设的外部因素，但却是关系青年学生死"命脉"的直接困境，成为我国青年学学科建设的悬顶之剑。

　　我国青年学学科建设中的知识体系困境则主要是指青年学学科内部的知识生产活动和知识体系构建，集中体现为学术界基于经典学科判定标准对青年学学科地位的三个质疑与探讨：（1）青年学研究对象的独立性；（2）青年学研究方法的独特性；（3）青年学知识体系的完备性。概言之，青年学学科建设的知识体系困境源自经典学科的判断标准和学科知识的理论、实践价值。如果青年学的研究者不能从学科判定标准和学科知识价值这两个方面

---

① 郑浩．学科政策视域下青年研究作为独立学科的建设［J］．中国青年社会科学，2019（4）．

进行学科建设，就无法破解我国青年学学科建设的知识体系困境。在当前高校学科竞争和国家学科管理制度改革的大背景下，青年学的学科建制困境和知识体系困境开始出现逐渐融合的趋势，学科建制困境导致学科制度不完善，学术共同体弱小导致学科知识生产低效，因而加重了学科的知识体系困境。知识体系困境又从侧面表明青年学科尚不足以被视为独立学科，更不能成为国家学科管理中的一级学科，青年学的学科化因此陷入循环论证的逻辑怪圈。这种"学科建制＋知识体系"的双重困境让我国青年学学科建设的进程变得尤为艰难，青年学直接面临着随时被取消的生存困境。

二、学术建制困境：青年学学科建设的外在危机

学科制度按照其功能可以分为两种基本类型：一种是根植于学科学术活动而自然形成的知识生产制度；另一种则是政府出于学术管理创建的行政性学科制度，也就是我们通常意义上的学科制度。前者常与知识生产模式相联系，具有天然的合理性；而后者则主要被政府用于学科学位管理或者学术统计，需要政府的行政管理授权。在我国，学科制度在很大程度上是指行政性学科制度，国家学位办、教育部通过制定专业学科目录从而对专业的划分、设置、相对应的招生、学位授予等学术活动进行国家层面的

宏观行政管理和发展规划。①

此外，我国现行的学科制度除了具有学科分类管理的直接作用，还与中国特色的行政事业的"单位制"管理文化结合，产生了将学科制度嵌入"单位制"的学科建设和管理体制，并据此对高校和科研院所的机构设置、资源分配、人事关系管理、教学科研岗设置、工作绩效考核等进行全面管理，演变为国家对某学科发展的一种制度支持。因此，中国的科研工作者具有学术性和社会性的学科双重角色，在学术上归属于人类知识体系中的某个学科学术共同体；在社会上，则属于供职研究岗位的高校或科研院所，也就是"某单位"。② 从这种意义上理解，我国的"单位"管理制度其实也成了学科制度中的组织实体和科研平台，没有学科所依附的高校院系、科研院所，一般意义上的行政性学科制度就无法凝聚人、财、物进行科研活动，更不要奢谈学科建设。

青年学在初创伊始就以"求用"为主的实用社会科学面貌示人，"经世致用""咨政建言"成为青年学的社会价值所在。也正因此，在青年学知识生产尚未成熟，知识体系建设仍不完善，更没有被纳入二级学科目录的情况下，政府和社会各界依然从"单位"制度层面给予很大支持。特别是在改革开放初期，

① 沈文钦，刘子瑜. 层级管理与横向交叉：知识发展对学科目录管理的挑战 [J]. 北京大学教育评论，2011 (2).

② 张应强. 当前我国高等教育学的危机与应对 [J]. 高等教育研究，2017 (1).

共青团系统率先设立以研究青年问题为主责主业的青少年研究处（室），我国的青年研究事业开始生根发芽。经过不懈努力，目前，我国基本建立了以国家级和省级的青少年研究中心（所）、各团校的青年教学研究机构、共青团机关的研究处（室）和高校的青年研究中心等机构为主体的青年研究机构系统。青年研究学科的研究队伍、学术期刊、学术专著、人才培养等学科发展要素也均已建设完备。① 事实表明，我国青年学的发展受惠于国家学科制度，特别是在青年学学科化建设的初期，通过政府和社会的支持而获得了良好的发展机遇，没有国家学科制度的支持就不会有今天的青年学学科建设的成就。然而利弊相参，我国青年学学科化初期的这种路径选择也造成了青年学的学科发展建设对学科制度产生过分依附，学科的自身发展似乎并非来自学科知识产出的内在动力，而是政府政策和制度外铄的结果，常常出现"沉溺于现实需要以及受到过多外部力量的干预"②，这也成为当前我国青年学学科化进程中面临的最直接和最严重的危机和困境。

近些年来，随着我国学科制度改革和"双一流"建设工程的推进，青年学学科进程中所面临的学术建制困境日益加剧，已经发展成为关乎青年学学科存亡的生存性困境。从目前的学科现状

①　黄志坚. 青年学的知识体系、方法建构与发展进路（下）［J］. 当代青年研究，2019（4）.

②　阎光才. 高等教育研究的学科化：知识建构还是话语策略？［J］. 北京大学教育评论，2011（4）.

看，大多数高校都在思想政治教育专业开设青年学课程或开设青年学二级学科方向，将其列在马克思主义理论一级学科之下。①因此，二级学科已经成了青年学实际的栖居之所，也是其获得学科发展资源和政策支持的国家学科制度基础。然而，由于国务院学位办在2011年进行了国家学位制度改革，出于扩大高校办学自主权和政府简政放权的考量，此次学科制度调整取消原有二级学科的学科建制，只留存原有的学科门类和一级学科。这对依靠二级学科制度获得资源和制度扶持的青年学而言是巨大的危机，直接导致了青年学学科建设中学科制度困境的凸显。二级学科制度的撤销，使青年学彻底成为马克思主义理论、思想政治教育等一级学科的研究方向，青年学的设立、建设与发展只能服从和依托所在一级学科的整体规划，青年学的学科建设所需要的制度、资源支持出现了不稳定性，学科自身发展极容易受从属的一级学科和所在高校科研院系管理者意志的影响。

因此，在当前高校"双一流"建设和学科评估的大背景下，青年学的生存空间很容易被极大压缩。双一流建设与以往的"985""211"工程不同之处在于，双一流建设工程除了关注大学整体建设水平外，坚持"学科是大学的基本因素"的新理念②，更加关注和聚焦具体学科发展。政府的政策导向直接影响着高校

① 吴鲁平.青年学科建设若干重大理论问题研究［EB/OL］.中国青年网，2017 - 12 - 05.
② 瞿振元.知识生产视角下的学科建设［J］.中国高教研究，2019（9）.

的学科建设和发展规划，"一流学科"建设成为高校建设"一流大学"的重要举措。为了获得政府"双一流建设"资源的支持，重点建设现有的优势学科成为高校的普遍共识，这就导致当前高校内部学科之前的发展差距进一步拉大。原有的薄弱学科、非特色学科不仅越来越难以得到学校的重视和支持，一些排名过于靠后的学科甚至会有被"关、停、并、转"的危险。2016 年的全国第四轮学科评估开始以一级学科为评价主体，而且按照学科门类对其所属的一级学科进行"绑定评估"。这就更加坚定了大部分高校"扬长避短"的学科建设路径。一方面，挑选科研实力强，发展基础好的优势一级学科、研究方向进行参评；另一方面，"借着'资源整合'的名义做起了数字游戏，以'砍杀'或拆并非重点、非特色、非优势学科为代价，来确保学科的权威地位"①。因此，很多原有基础较弱的二级学科，以及研究方向都没能参与评估，也就失去了获得学校、政府相关资源的机会，作为一门新兴的较弱势学科的青年学更是面临着巨大的学术建制困境和生存挑战。

三、知识体系困境：青年学学科建设的内生危机

如前所述，当前，我国青年学学科建设中的知识体系困境与学科知识生产活动密切相关，学术界围绕青年学是"学科"还是

---

① 陈学飞，叶祝弟等. 中国式学科评估：问题与出路 [J]．探索与争鸣，2016 (9)．

"领域"这一问题，展开了长久的争论，至今依然没有定论。这场关系青年学学科地位的学术争鸣，在现象层面上是有关学科判定标准的理解，在本质层面上则涉及人类认识世界的方式和知识生产模式。

论及一种知识体系是否能够成为一门"学科"，在现实操作上，很自然地会转换成为学科判定标准的问题。对此，研究者经常选用库恩提出的"范式"概念并将其具体化为判定学科成立的三个基本标准：研究对象的独立性、研究方法的独特性和知识体系的完备性。但是，随着新兴学科（如人工智能、互联网信息技术等）的大量涌现，人们越加发现库恩的经典范式理论难以恰当地去分析和判定一门学科是否成立。因此，现代学科范式以更加积极、开放、灵活的标准和态度来取代日渐式微的传统学科标准，正逐渐成为时代发展的一种潮流和趋势，这种变化根植于"学科"概念背后所代表的人类认知方式和知识生产模式的变化。

从一般意义上讲，"学科"概念的产生是基于两个逻辑假设：一是人类所处的世界是一个被各种确定规律、固定因素所决定的结构化、秩序化的存在，这成为人类认知活动的对象；二是人类具有超越其他动物的理性认知能力，为人类知识生产提供了可能。换言之，正是因为具备理性认知能力的人类出现，这个世界才被人类的认知活动"肢解"和"秩序化"为各种门类的学科知识。今天我们所接触到的知识体系其实就是人类为了方便自己认识整个客观世界而有意进行的碎片化、切割式处理的一种各归各位的分类系统。在缺乏系统复杂思维能力的人类早期学术群体中，这种碎片化的知识生产活动形式成为主流，归纳、推演、抽象等也成了最主要的研究手段，学科专业成为最主要的社会组织形式。20 世纪 30 年代，系统论的提出使人类的认知和思维方式发生了深刻变化，随之而来的是纳米科技、信息技术、生物医学等交叉学科推动了技术突破，人们更加坚定了现代社会对学科知识融合发展的理念，传统意义上的分门别类的刻板"学科"概念日渐式微。如果说传统社会的知识生产在努力"肢解"世界，那么，现代社会的知识生产则在尝试着去"统合"世界。原属于相对独立的学科专业的知识生产模式也被彻底打破，学科间相互交叉和渗透成为现代知识生产的常态，更是新技术、知识的主要增长点。对此，学者密斯提出了著名的学科类型划分：交叉学科（cross disciplinary）、多学科（multidisciplinary）、跨学科（interdisciplinary）和超学科（trans disciplinary）。由此我们可以发现，所谓"学科"不过是人类出于方便认知世界而提出的一套知识分类规则，是人类认识能力作用于客观世界的一种实践产物。学科逻辑归根结底不过是对人的主观认识逻辑的镜像和对应，每一学科无论其指向的认识对象是什么，也无论其认识逻辑是如何精致，即使没有制造谬误，它充其量所通达的也只是我们对所置身世界的某个局部甚至仅是某些细枝末梢。①

因此，从知识体系的角度分析，青年学所生产的知识能够在多大程度上帮助我们去探究青年发展规律，科学地解决青年群体问题，实现人类认知客观世界的实践任务，就成为衡量青年学学科是否建立的根本标准。具体到实际中，就是我国的青年学是否有高质量的研究成果和知识产出来呼应社会需求，支持政府决策。但就知识生产的数量和质量而言，目前我国青年学的成果无论是与社会、政府、群团组织的青年工作需求相比，还是与其他相似学科或领域相比，都有较大差距和提升空间。可见，学术科研成果的质量和科学性已成为我国青年学学科化进程中的知识体系困境和青年学学科发展的内生危机。

四、坚持再学科化②：青年学学科建设困境的超越

当前，我国青年学学科建设面临着学术建制困境和知识体系困境，而且二者已经出现了叠加共振效应，对处于初创之期的青年学而言是关系生死存亡的生存性困境。青年学如何突破发展困境，转危为安，是青年学学科建设必须认真思考的重大问题。结

---

① 阎光才. 高等教育研究的学科化：知识建构还是话语策略？［J］. 北京大学教育评论，2011（4）.
② 本部分所指的"再学科化"主要是指突破库恩传统学科判定标准和学科建设思路，以现代学科的标准和思路进行青年学学科建设。详见本书第五章"青年学的学科范式冲突与再学科化"的相关内容。

合我国青年学学科建设的基本现实，笔者建议，青年学学科建设
必须坚持再学科化的建设发展方向，从学术建设和知识体系两个
方面实现青年学学科建设困境的突破，从而保障青年学学科知识
生产的高质量增长。

（一）坚持再学科化的建设发展方向

人们对青年学学科的态度和性质定位决定了青年学未来的发
展走向和命运。在我国青年研究领域，学者对青年学的学科定位
和性质的理解主要有独立学科论与研究领域论两种截然不同的见
解，但从实际效果看，研究领域论的论点更为流行，在青年研究
学界有着广泛的影响。持研究领域论的学者认为，按照经典学科
的判断标准，青年学不符合独立学科的基本要求，不能将其作为
独立学科进行对待。作为一个研究领域的青年学，允许其他学科
的学者专家加入青年问题的研究，从而扩展青年学自身的研究方
法和领域，丰富青年学的学术成果，有利于青年学自身的发展。
此外，欧美发达国家虽然没有进行青年学学科化建设，但是其青
年研究成果斐然，丝毫不影响其成为青年研究强国。这样的事实
似乎也印证了研究领域论所坚持的基本观点，青年学学科的存在
与否并不影响青年研究的开展和高质量科研成果的产出。然而，
这种观点的偏颇之处其实还是在于其没有意识到我国的学科制度
之于青年学的特殊性和重要性。因为在我国现行的学科制度体系
中，青年学的学科建设所带来的不仅是学术共同体的身份认同，

更多的是关系学科发展所需要的资源投入、学位审批、编制管理和政府制度支持等附加影响。欧美国家的青年研究被视为一个研究领域，这与其学术行会共同体的学术自治传统有关，学科在欧美国家具备的更多的是统计功能，学科发展所需要的资源、配套制度等都由该学科学术共同体内部决定。所以，我国绝不可以简单照搬照抄所谓发达国家的"青年研究领域的建设经验"，而必须坚持青年学学科建设的基本方向，不断提升青年学的学科建设水平。放弃青年学学科建设的专业化方向，就等同于否定了中华人民共和国70年青年学学科建设的基本经验和成就，葬送了我国青年研究事业的未来，更会让原本弱小的青年研究机构陷入发展的新困境。

需要特别说明的是，坚持青年学的学科建设方向并不是要采取库恩经典学科范式的标准来进行青年学学科建设，更不是意味着青年学发展是"画地为牢"，要和其他学科划清界限。我们所提倡的青年学学科建设方向，是要依据现代学科所提倡的学科标准进行建设，即坚持问题导向的学科知识建设逻辑，坚持需求主导的学科发展路径，坚持开放式的学科内容及多学科的学科研究方法。[1] 利用多学科、跨学科的研究方法和发展路径，实现青年学向现代学科的跨越式发展。

---

① 郑浩. 青年研究的学科范式冲突与再学科化——对我国改革开放四十年来青年研究的反思 [J]. 中国青年研究，2019 (5).

（二）重视学科建制的再学科化

坚持青年学学科建设的专业化方向是前提，在此基础上还需要通过学术建设和知识体系这两方面加以落实。而在当前的环境下，学术建制的"再学科化"最为紧迫，也最可能在短期内取得较理想的实际效果。具体分析，这主要包括组织机构实体建设和独立学科地位获得两个方面。

1. 加强青年学的研究组织机构建设

正如前文所提到的，我国的学科管理制度不仅包括学术中的学科分类、学位审批，关键还涉及学术研究机构的"单位"机构组织和学术岗位编制的管理制度。今天，学术研究早已从"天职"演变为一种"职业"，很难想象没有专业机构和专业从业者开展专业研究的某学科能够取得长足的进步和发展。如果青年研究没有可以依存的实体研究机构，青年学学科建设就是无源之水、无本之木。改革开放初期，各地团委依托团的基层组织、团校等机构纷纷建立青少年研究处（室）、青运史研究机构，为青年学的成长打下了组织机构基础，成为我国青年学正式创立的开端。随着研究队伍和事业的不断发展，早先的青少年研究机构发展为专业的青少年研究中心（所），或被划入团校、高校等成为学系和研究方向。但是，由于当前共青团改革和高校双一流建设的战略调整，大量隶属于共青团组织的青少年研究机构和高校的青年学学科被裁并，或被要求进行研究方向的转型，这都对青年学研究机构和专业科研人员的"单位制"
生存产生致命打击，更降低了我国青年学学术共同体的存在感
和归属感。因此，必须加强和恢复青年学的专业研究组织机构
建设，结合我国青年事业发展的现实需求，分层次、分类别地
开展青年研究机构的建设与改革工作。对于个别面向全国或隶
属于高水平大学的青少年研究机构来讲，应该加强高水平的理
论研究，发挥高端智库的作用，继续服务于党和国家的青年事
业，同时，固本培元，提升学科教育教学质量，为青年学学科
的可持续发展夯实人才基础。而对于绝大多数地区性和新建青
年研究机构而言，则需要脚踏实地地解决好所在地区的实际问
题，回归研究初心，服务于当地团组织工作，解决当地青年关
心的实际问题，通过具体的青年研究工作实践，提升举办单位、
人民群众的获得感、认可度与美誉度。①

2. 积极争取青年学在我国学科制度中获得独立学科地位

由于我国学科管理制度的特殊性，能否成为国家学科目录中
的独立学科，对于一门学科的发展极为重要。在 2011 年国家学科
目录调整前，这种"独立学科"意味着成为二级学科。但由于改
革后的国家学科管理是按照一级学科进行学位授权点审批和学科
建设，原有的二级学科失去制度存在基础。所以，今天的"独立
学科"就意味着青年学必须在一级学科层面获得国家承认，这也

① 郑浩. 学科政策视域下青年研究作为独立学科的建设［J］. 中国青年社会科学，
2019（4）.

决定着未来我国青年学的前途命运。目前，有不少青年研究者认为青年学的一级学科学科化建设目标是"痴人说梦"，笑称这是搞学科建设的"大跃进"，如果青年学都能被列为国家一级学科，那么，是否应该有妇女学、老年学之类的一级学科？哪个科学门类可以囊括如此多的群体研究学科？而笔者认为，青年群体和以之为研究对象的青年学不同于其他社会群体研究（如妇女学、老年学等）。青年一代的理想信念、精神状态、综合素质是一个国家发展活力的重要体现，也是一个国家核心竞争力的重要因素。[①]代表广大青年、赢得广大青年、依靠广大青年是我们党不断从胜利走向胜利的重要保证。[②] 青年群体在国家和社会主义事业发展中具有极为重要的政治和战略地位，青年学也符合党和国家青年事业蓬勃发展的重大战略需求。近年来，"网络空间安全""中医中药学"等一批新增国家一级学科都是基于国家需求而非知识逻辑。总之，我们应在正确认识青年学和青年研究所具有的重要价值的基础上，满怀信心地积极争取青年学在我国学科制度中获得独立学科地位。一方面，要深入研究青年学学科建设的基本理论，积极呼吁、配合和推动国家教育部门开展的学科管理制度改革；另一方面，要突破现有学科门类限制，以现代学科的建设思维来统筹学科管理，明确一级学科管理制度的目的是促进学科的发展

---

① 中共中央文献研究室. 习近平关于青少年和共青团工作论述摘编［M］. 北京：中央文献出版社，2017：9.

② 新华社. 习近平同团中央新一届领导班子成员集体谈话并发表重要讲话［EB/OL］. 共产党员网，2018 – 07 – 03.

而非限制，国家学科制度应从国家战略发展的高度支持新兴现代学科的发展。

（三）加快知识体系的再学科化

我国青年学学科建设困境超越的另一方面就是提升学科知识产出和科研成果的质量，加快知识体系的再学科化。不可否认，当前我国青年学建设的困境产生的部分原因是青年研究的成果质量低于社会期望，学科知识体系的发展水平在总体上落后于其他同类学科。特别是在同成熟学科的比较中露出了自身学科知识体系发展的不足，这就需要广大青年学的研究者凝聚学术共识，齐心协力地推动青年学基本概念、核心知识和基础理论的构建，通过学科知识生产的"再学科化"来促进我国青年学学科建设超越当前的知识体系困境。借鉴现代学科的发展经验，建议青年学科的专业研究者应从构建青年学的角度，把其他学科、不同专业的研究成果中凡是涉及青年研究的内容都纳入青年学的学科知识体系中，在知识的统合中实现青年学知识体系的"再学科化"。

需要重申的是，当前我国青年学"再学科化"的主要思路必须克服和摆脱模仿经典社会科学的路径依赖，而要坚定地按照现代学科的成长规律和思维逻辑进行学科建设，基于现代学科的特征来重新组织青年学的知识生产实践，重构体现青年学特征的青年学学科知识体系。毋庸置疑，要实现青年学知识体系的再学科化，必须汇集全国青年研究者的智慧和力量，青年研究学界的专家学者要用高水平的科研成果来争取其他成熟学科的认可与支持，为青年学学科最终取得独立学科地位营造良好的外部环境和舆论氛围。这既是我国青年学发展的长期而艰巨的任务，更是青年学超越当前自身学科化建设困境的根本方式。

第三章　青年学作为独立学科
建设的政策可能

　　长期以来，关于青年学的学科地位与学科性质的探究一直贯穿青年研究发展的始终，这既是青年研究自身发展需要直面的现实困境，也是青年研究学科建设进程中必须回答的基本问题。围绕这一经典问题，学者从"领域"和"学科"的多重标准出发，对青年学科是否可以成为独立学科、作为独立学科建设的困境、独立学科建设的意义和具体对策等进行了较为全面而深刻的论述①②③，这为推动青年研究的学科建设打下了坚实的理论基础。特别是改革开放后，随着从事青年研究的学术群体和专业机构不断发展，青年研究的学术水平和实践价值也日渐提升，青年研究

---

① 林升宝等.总结百年青年研究经验　共商青年学学科建设大计——"青年研究百年——中国青年发展与青年学学科建设"研讨会观点集萃［J］.青年学报，2015（3）.
② 黄志坚.学术研究与普及应用——论加强青年学研究之双轨并进［J］.中国青年研究，2018（1）.
③ 何绍辉.论青年研究的学科化［J］.中国青年社会科学，2016（2）.

为党和国家青年政策的科学化提供了有力的理论支撑。青年研究也正是凭借其研究成果的有效性为自身的学科化建设赢得了合理性依据。国家要求"在社会科学研究机构、高等院校加强青年学研究"。这在一定程度上可以理解为青年研究的学科价值已获得社会认可，青年研究极有希望获得独立学科建设资格。因此，青年学的学科建设问题比以往任何时期都显得更加迫切。①

　　作为青年研究人员，我们在为青年学学科建设取得的成绩感到鼓舞振奋的同时，也要对青年学学科建设的后续问题进行更加深刻、系统的论证与研究，特别是在青年学有希望获得，但尚未获得独立学科地位的情况下，更应重视学科管理制度对青年学学科建设的积极作用，为青年学学科在学科制度上取得一级学科的独立地位做好现实准备。具体来讲，需要厘清以下三个问题：对标我国的学科政策对学科设置的要求，目前我国的青年学具备了成为独立学科的条件吗？从学科制度角度看，确立青年学的独立学科地位有何意义？该如何建设青年学独立学科？本章专门对上述问题进行研究。

一、学科政策中的独立学科标准

　　学者们在探讨青年学学科建设的问题时所提及的青年学作为独立学科的观点，其本质上是指青年学在学科建制上要摆脱依附

---

　　①　张良驷. 青年学学科设置的制约因素研究［J］. 中国青年社会科学，2017（3）.

其他学科的地位，发展为独立学科。① 这就将青年学的学科建设问题转化为学科划分问题，对照我国独立学科划分的基本标准，青年学都满足这些独立学科的基本条件吗？如果满足，青年学就可以被国家学位管理部门顺理成章地认定为独立学科，获得独立学科的法定地位；反之，则依然不是独立学科或者仅是一个广泛的研究领域。

从严格意义上分析，独立学科是一个中国式概念②。在西方学术界，学科的概念通常与大学教育相伴而生，学科被定义为一种或者一类规约知识。③ 而与之相对应，人与知识之间的制度关系框架则被认为是"学科制度"，学科制度具体又包括学科准入制度、学科划分制度与专业人才培养制度。④ 从欧美国家现行高等教育制度看，学科认定和学科划分大多仅具备统计功能，不具备国家进行学科管理的作用，各大学对学科的划分和认定享有很大的自由决定权。而在我们国家，学科除了指某类知识以外，更多的是一个行政管理概念：政府对科学研究、人才培养进行统一管理与调控的基本行政单元，是国家行政管理力量在学术上的体现，其意义远超欧美国家单纯的统计、教育和研究范畴。

---

① 张良驯. 青年研究作为独立学科的依据 [J]. 中国青年政治学院学报，2016 (1).

② 李均. 作为一级学科的高等教育学——基于学科政策与学科历史的视角 [J]. 高等教育研究，2011 (11).

③ Foster, N. Aroutis. The Process of Learning in a Simulation Strategy Game：Disciplinary Knowledge Construction [J]. Journal of Educational Computing Research, 2011, 45 (1).

④ M. Charles. The Construction of Stance in Reporting Clauses：A Cross – disciplinary Study of Theses [J]. Applied Linguistics, 2006, 27 (3).

在我国的学科政策中，涉及"独立学科"的政策制度主要包括两种：学科专业目录和学科目录设置办法。1983 年，我国颁布第一份学科目录：《高等学校和科研机构授予博士和硕士学位的学科专业目录（试行草案）》，1983 年版学科专业目录设置了 60 个一级学科，666 种学科、专业（大致相当于今天的二级学科）。此后至今，我国教育主管部门本着"科学、规范、拓宽"的原则，先后三次对学科、专业管理目录进行了修订，基本实现了"逐步规范和理顺一级学科，拓宽和调整二级学科"的目标（见表 3.1）。

表 3.1 我国四次学科、专业目录调整的基本情况①

时间	颁布机构	文件名称	学科门类数量	一级学科数量	二级学科数量
1983 年	国务院学位委员会	《高等学校和科研机构授予博士和硕士学位的学科专业目录（试行草案）》	10	63	638
1990 年	国务院学位委员会	《授予博士、硕士学位和培养研究生的学科、专业目录》	11	72	654
1997 年	国务院学位委员会、国家教育委员会	《授予博士、硕士学位和培养研究生的学科、专业目录（1997 年颁布）》	12	89	386

---

① 教育部学位与研究生教育发展中心. 学位授予和人才培养学科目录（2011 年）[EB/OL]. 中国学位与研究生教育信息网，2011 - 03 - 22.

时间	颁布机构	文件名称	学科门类数量	一级学科数量	二级学科数量
2011 年	国务院学位委员会、教育部	《学位授予和人才培养学科目录（2011 年)》	13	89	384

直至 1997 年的学科、专业目录公布执行，我国的学科政策中只有学科、专业目录，却没有专门针对学科、专业目录如何设置与管理的具体政策文件。2009 年，国务院学位办和教育部为规范和加强学科专业的设置与管理，进一步发挥学科专业目录在学位授予、人才培养和学科建设中的指导作用，共同制定了《学位授予和人才培养学科目录设置与管理办法》（以下简称《学科目录管理办法》）。

《学科目录管理办法》是学科、专业目录的执行性文件，规定了学科门类和具体学科确立与取消的具体条件和标准。可以说，学科管理政策是独立学科能否成立的重要法理依据和现实判断标准，为国家学科、专业目录的调整提供了政策层面的操作性依据。因此，探讨独立学科问题就必须在我国现行学科管理政策（狭义上可以说是《学科目录管理办法》）的语境中进行分析。

综合《学科目录管理办法》的具体内容和青年研究的实际情况，独立学科认定标准涉及四个主要方面：研究对象、理论体系与研究方法、较完善的学科体系、社会认可与需求。[①] 其中"已

---

① 教育部学位与研究生教育发展中心. 学位授予和人才培养学科目录设置与管理办法 [EB/OL]. 中国学位与研究生教育信息网，2010 - 11 - 25.

得到学术界的普遍认同"标准，虽在判断独立学科是否成立上具有基础作用，但标准本身表述模糊，学术界分歧较大，可操作性不强，本章囿于篇幅暂不做讨论，仅围绕青年学学科力所能及且有现实可行性的其他标准展开论述。

二、青年学作为独立学科建设的基本条件

笔者根据现行学科、专业目录与《学科目录管理办法》，同时从青年研究（学科）发展历史与现实出发，对青年学是否符合独立学科设立的条件和标准进行分析。

（一）研究对象

明确而清晰的研究对象是独立学科设置和建立的首要条件，没有明确的研究对象，研究工作就无法开展，学科建设更无从谈起。青年学在字面上就界定了其最基本的研究对象是"青年群体"，这一研究对象具有明确性、差异性和独特性，符合《学科目录管理办法》对研究对象的要求。

1. 研究对象的明确性

青年作为人类个体发展的基本阶段，是按照年龄划分的人类群体。由于历史文化和社会文化的差异，虽然学术界对青年群体的年龄界定一直没有定论，但是我国的很多政策文件都将青年的年龄范围规定在 14~35 周岁。可以说，现阶段我国青年研究的研

究对象是明确的，即 14～35 周岁的人群。

2. 研究对象的差异性

青年群体是一个较为特殊的人类群体，因此，也成为人文社会科学不可避免的研究范畴。如此看来，青年学可以很大程度上被划归为现有社会科学的分支学科，无须单独成为一个独立学科。然而，一旦我们把这些学科的研究对象与青年群体进行对比就会发现，青年群体与其他社会科学的研究对象有很大的差异性。

一方面，青年群体是青年研究的唯一研究对象，却只是其他社会科学的部分研究对象，青年群体和其他社会科学的研究对象是部分与整体的关系。例如，在心理学中，青年群体的心理特征一直是心理学家关注的重点；在社会学里，14～35 岁的人群也是家庭社会学、人口学等分支学科的一个经典话题或研究领域；在高等教育学内，以青年为主的大学生、研究生也都涵盖在高等学校的学生研究范围内。因此，从社会学、教育学、管理学等任何一个非青年研究的独立学科出发都只能研究青年群体的一个方面，难以涵盖青年群体的全部。

另一方面，青年群体对于其他社会科学来讲更多的是具有工具性价值，但青年群体对于青年学而言则具有不可替代的目的性价值。简而言之，青年群体之于非青年学学科的工具性价值是指从本学科的理论性和实践性出发，把自身学科建设作为价值主体，通过对青年群体的研究以达到丰富本学科学术理论和完善学科体系的目的。青年群体之于青年学学科的目的性价值则是青年研究学科把青年群体和青年研究本身作为价值主体，突出青年研究活动在满足青年发展和青年研究学科自身的理论、学科建设需要，主要体现为服务青年发展，满足青年工作需要，解决青年问题，促进青年学学科理论和学科体系建构等方面。

目前，青年学的很多学术成果主要来自社会学、教育学、心理学等社会科学，但是青年群体对这些社会科学研究来讲，更多的只是个别学者的"兴趣爱好或是本职研究的需要使然"①。在绝大多数的非青年研究学科的学者眼中，青年群体只是这些学科理论的"特殊案例"与"实验田"。他们研究青年群体并不是单纯地为了解青年本身，而是"为了丰富和发展各自学科的基本理论，完善各自的学术大厦"②。在这些学科的研究中，青年群体仅是为了解释、验证、创新该学科的某些理论而选用的研究对象，具有"工具价值"。

相反，青年学把研究青年现象、解决青年问题、发现青年规律作为自己的研究任务，是一个从青年中来，到青年中去的青年学科。其研究的目的性价值是把青年和青年学学科作为价值主体，是社会科学向青年群体和青年工作本质的一种回归。总之，青年群体对于青年研究、青年学而言具有"目的性价值"，这种目的

① B. Bachmann. Research Methodology and Methods ［J］. Ethical Leadership in Organizations，2017.

② N. Mackenzie, S. Knipe. Research dilemmas: Paradigms, methods and methodology ［J］. Issues in Educational Research，2006，16（2）.

性价值呈现出强烈的理想性和终极性。①

3. 研究对象的独特性

青年学的对象的特殊性体现在，青年学除了研究青年群体外，还关注被其他人文社会科学所忽略的研究内容，如共青团工作、党的群团理论建设等的基本问题。特别是中共中央、国务院颁布的《中长期青年发展规划（2016—2025 年)》中，重点关注的思想道德、教育、健康、婚恋、就业创业、社会融入与社会参与、预防违法犯罪、社会保障等十个领域，这些都是青年学重要的研究对象，但是对于其他社会学科而言，更多的却是"边缘领域"。总之，研究对象的独特性更加彰显青年学学科建设的重要性。

（二）理论体系与研究方法

长期以来，学科理论知识的系统化，研究方法的专门化一直都是学术界争论青年学是否可以成为独立学科的焦点。这种以传统"范式"概念来划分独立学科的依据不仅不符合青年学的现代学科属性②，而且也不符合我国学科管理制度改革的基本趋势。

我国四次学科、目录改革的经验表明，我国学科管理部门对学科、专业的划分和设置一直处于变化之中，同时，越来越多的现代学科早已经成为独立学科并成功进入我国的学科管理目录。

---

① 曾永平. 现代思想政治教育工具性价值与目的性价值的辩证思考［J］. 思想政治教育研究，2010（3）.
② 郑浩. 青年研究的学科范式冲突与再学科化——对我国改革开放四十年来青年研究的反思［J］. 中国青年研究，2019（5）.

在 1997 年和 2011 年两次学科管理改革中，学位管理部门先后增加了军事学、管理学和艺术学三个门类，这些学科很大程度上都是按照职业和社会需要进行划分的，而不是学者所关注的知识理论体系逻辑。此外，学科目录中新增加的独立学科都是现代学科，而且行业和职业性质明显，如公安学、风景园林学、护理学等。从 2011 年版《学科目录》实施以来，我国现行的学科管理规定在保持原有大框架不动的前提下，依然对个别的独立学科进行"应用取向"的改革。特别是 2015 年，国务院学位办批准设立"网络空间安全"，作为工学学科门类下新增的独立学科，该学科正是一门理论体系尚不成熟但社会发展特别需要的现代学科。

综合我国四次学科、目录改革的趋势可以看出，青年学作为一门新兴的现代学科，其坚持问题导向的理论研究品格和追求学以致用的学科应用价值取向，都符合我国学科管理改革的主导精神和基本要求。所以，"理论体系、知识基础和研究方法"对独立学科的限制和独立学科的设置都是相对的。

总之，从现行国家学科管理制度分析，青年学学科开放的理论体系与多元的研究方法不是否定其作为独立学科地位的关键，反而是其现代学科的突出特征与学科发展优势，符合学科管理改革的发展潮流。

（三）青年学已形成若干明确的研究方向

伴随着中国群团工作和青年事业的发展，很多高校不仅开设青少年工作专业，而且结合青年工作实际的需要，形成若干明确的研究方向，逐步开设了诸多青年学的二级学科。这些学科围绕着青少年工作形成了青年学的学科集合和较为完善的学科体系，并大致可分为两大类。

第一类是从青少年工作、青年学学科的基本内容延伸、细化的分支学科，例如，青年学、青年德育论、比较青年学、青运史、青年工作学、青年规律论、共青团工作理论、少先队学、青年研究方法等。

第二类是青年学与其他社会科学进行交叉融合而产生的具体学科，例如，青年心理学、青年社会学、青年文化学、青年组织与管理、青年思想政治教育等。

特别是近些年来，我国一些高校开始在马克思主义的一级学科下设"少年儿童与思想意识教育"二级学科，一些高校陆续开始设立少先队学科的硕士点和博士点，这都标志着青年学已经进行了扎实的学科建设工作，并在学科建设的广度和深度上不断提升。

（四）社会对青年学学科的认可与需求

青年学学科创立开展至今，得到了社会各界的认可与支持。1988年，《青年学》专著出版发行，被团学体视为"青年研究迈出了学科化进程中的可喜一步"；同年，国家教委将该书列入高校思政专业教材并在全国推广使用①；1990 年出版的《社会科学学科辞典》直接将"青年学"纳入 32 类的 822 门学科之中。②1999 年，经团中央书记处同意，中国青少年研究会成立，并以国家一级社团组织的身份在民政部注册。目前，我国基本建立了以国家级和省级的青少年研究中心（所）、各团校的青年教学研究机构、共青团机关的研究处（室）和高校的青年研究中心等机构为主体的青年研究机构系统。青年研究学科的研究人员、学术期刊、学科专著、人才培养等学科发展要素也均已建设完备。③

从满足社会需求角度看，在青年学学科完成学科建制以来，我国的青年研究者一直秉持着"问题导向""咨政建言"的研究使命，积极运用青年学和其他学科的新理论、新方法来研究我国社会主义实践中的青年问题。改革开放 40 年来，我国青年学学科凭借高水平的青年问题的研究成果，为党和国家的青年政策提供智力支持，进而推动党的青年事业和青年实践的改革发展与创新。从青年思想道德、健康、婚恋等问题的解决，到青年就业创业、社会融入、预防违法犯罪、社会保障等事业的推进，青年研究人员都付出了艰辛探索。此外，农民工子女、"蚁族"、"北漂"、网络作家、快递小哥、小镇青年等伴随着时代发展而新兴的青年群体和由此而产生的一系列青年问题，都是青年学学科和青年学研

---

① 黄志坚．"五四百年"：中国青年研究发展史纲［J］．中国青年研究，2019（4）．
② 张光忠．社会科学学科辞典［M］．北京：中国青年出版社，1990：248.
③ 陆玉林．我国青年研究的学科化问题及其超越［J］．中国青年社会科学，2009（5）．

究队伍根据时代需求而圈定的研究对象、提炼的现实问题。这些新现象、新群体和新问题的研究与解答都需要青年学学科的专业研究者的努力工作。今天，共青团工作的科学化、专业化、知识化成为现时代共青团改革的要求与发展方向，这就需要培养更多的高质量青年学学科的专业人才进入各级团组织和青年机构，充实我国青年工作的队伍，提高青年工作的专业水平。这也充分说明了社会和青年事业发展对青年学学科和青年研究专业人才的需求。

通过上述基于我国学科政策和管理规定的分析可以发现：无论是从青年学学科实际的学科建制上分析，还是从学科政策的具体条件上来厘定，当前我国青年学学科都符合我国《学位授予和人才培养学科目录设置与管理办法》对独立学科的研究对象、理论体系、研究方法、学科研究方向所提出的主要要求，同时青年研究学科也具有广泛的社会认可度和社会需求。概言之，从学科政策角度看，青年学学科已经具备了学科管理政策对独立科学的基本条件要求，青年学可以从学科政策的角度上被认定为独立学科。

三、青年学作为独立学科建设的双重价值

总体来讲，青年学作为独立学科建设的价值主要体现在两个方面：满足现实需要的社会价值和学科自身发展的学科价值。青

年学学科建设的社会价值显而易见，青年学学科化水平的提升，可以更好地服务党和政府在青年发展和青年问题上的科学决策，为国家的青年事业提供坚实的科学理论。对于青年学学科自身而言，建设独立学科，则可以更好地应对和化解青年研究在学科化过程中存在的"学科危机"，也是促进青年研究走向完善与成熟的必然选择。

回溯改革开放以来的青年学学科史我们就会发现，青年学从提出学科化建设伊始就饱受质疑和否定，即使是在青年学学科取得了突出的学术成果，做出了重大的社会贡献，获得了社会各界认可的情况下，青年学学科也随时都面临着被取代、被终结的悲惨命运。直到今天，依然有一些社会科学的专家对青年学建设独立学科持否定意见，认为现在的社会学、心理学、教育学等学科的理论、方法完全适用于青年研究和青年学，满足青年问题研究的需要，并无设立独立学科的必要。面对质疑，以黄志坚、秦云、陆建华等为代表的第一代中国青年学学科建设的研究专家知难而上，在一线青年工作者的支持下确立了以问题为导向，从实践到理论的"自下而上"的学科建设之路径。这种凭借"结果有效性"为自身学科发展进行辩护的策略，虽然在青年学学科建设起步阶段争取了社会认可和政府支持，满足了当时我国青年事业发展的需要，但是也在一定程度上导致了青年学学科的系统理论建构薄弱、学科建设不足的"内生性问题"，造成很长一段时间学术界对青年研究的独立学科地位始终存在争议。

21 世纪初期，随着国家对青年事业和青年发展提出了新要求，以共青团系统为主体的专业青少年研究机构、学术刊物蓬勃发展，有关"青年学是学科抑或领域"的争论略有平息，但这并不代表青年学的独立学科地位就此确定和巩固。加之新青年群体、新青年现象和新青年问题层出不穷，青年学在应对和解决这些问题和挑战时常表现得独木难支，跨学科的理论视角和多学科的研究方法运用成为青年学学科自身发展的趋势，也得到了研究人员的推崇，但是青年学的独立学科地位也因此再次备受争议和批判。即便如此，青年学依然保持着作为现代学科的统合性与开放性，从多学科发展的成果中汲取自身学科建设所需的有利要素，这不仅丝毫没有降低青年学的独立学科价值，反而让青年研究吸引了越来越多的研究人员加入，壮大了青年研究和青年学的专业人才队伍。

进入新时代，我国的高等教育和科研水平有了极大提高，学科建设和管理模式也进行了改革。由于学科竞争和科研压力也日渐增大，一些高校出于提升学科排名，扩大学科学术影响力，竞争国家"双一流"建设计划的需要，开始对不利于学科排名实力的学科，实行"关、停、并、转"的改革。如个别高校原有的青少年工作系办得风生水起，颇有特色，然而所在高校的思想政治教育学科为了提升学科排名或进一步申请博士学位授权资格，就将青年学学科取消，或者并入思想政治教育专业，青年学学科从一个分支学科下降为一个研究（培养）方向，招生培养也和思想政治教育专业其他方向同质，青年学、青年研究、青年理论甚至成了思想政治教育专业、社会工作专业及其他学科的补充教学内容。此外，由于期刊评价体系的发展完善，一些原本以刊发青年学学术成果为主的学术期刊也开始放弃"青年研究"的特色，转而追求"大思政""大教育"的发展方向，以期扩大稿源，扩大期刊的影响范围和提高期刊的排名。

可以预见，青年研究机构的异变，刊发青年研究、青年学学术成果的专业期刊的减少，青年学学科的存在感降低，以及青年学学科人才培养与思想政治教育专业、社会工作专业同质化，已经使青年学学科在高校学科和学科目录管理体系中的生存状态严重恶化，如果任由这种情况蔓延，青年学最终将会被其他社会学科所兼并取代。如果说，青年学学科在创建和发展历程中存在的"内生性理论不足""多学科研究范式"等理论危机还可以在共同体的学术争鸣中加以解决，那么，因国家政策改革、一流学科建设等外部政策带来的学科竞争危机，则在很大程度上必须通过青年学的独立学科的制度建设加以破解和应对。

虽然将青年学建设成为一个独立学科并不能从理论上解决青年学自身的所有矛盾与困境，但是独立学科建设却可以使青年学的学科地位得到国家学科管理体系的进一步确认，学科地位和建设资源会得到加强，从而摆脱作为思想政治教育、社会学等的下属学科而存在的诸多窘境。从学科发展的长远角度分析意义重大：有益于青年学学科在一个更高层面的学科平台上与其他社会科学展开平等沟通，加快建设符合青年研究特点和规律的学科理论体系和学科管理制度，合理争取更多的学科建设经费和社会支持，进而提高青年研究学科的人才培养质量，促进青年研究的学科建设迈向成熟与完善。青年一代有理想、有本领、有担当，国家就有前途，民族就有希望。① 随着青年群体在社会发展进程中的作用日渐重要，代表广大青年、赢得广大青年、依靠广大青年就成为我党群团工作的重要目标和任务，青年学学科作为研究青年群体的专门学科，也必将获得国家和社会越来越多的关注与支持，在不久的将来，青年学学科极有希望成为社会科学中的一门新的"显学"。建设独立学科，不单是契合青年学学科化发展的历史坐标，而且有益于进一步发挥青年研究服务社会的现实功能。总之，加强青年学的独立学科建设，不仅有利于青年研究自身的成熟，更有利于我国的青年事业。这也是青年学建设成独立学科的最终价值和追求。

四、青年学作为独立学科建设的路径选择

通过上述分析可知，在我国当前学科政策体系下，青年学学科基本符合独立学科标准，可以视为事实存在的独立学科。然而，青年学学科作为新兴的独立学科，如果和成熟的物理学、哲学、

---

① 新华网．习近平同团中央新一届领导班子成员集体谈话［EB/OL］．新华网，2018－07－02.

法学等学科相比，又凸显出自身学科建设发展的不足与差异。通常来讲，成熟的独立学科普遍存在的问题多是理论创新、研究范式突破、知识探究进一步深化等内在的理论性与发展性困境，而青年学学科除此以外，更加集中和突出的问题则是外在的制度性和生存性问题，外部学科制度和行政管理模式变革等人为因素就常使青年研究陷入生死境地。这就导致了学科管理制度与青年学学科之间的一个悖论：青年学科的成长必须依赖我国现行学科管理政策，但对学科管理政策的依赖又制约了青年学学科的进一步成熟与壮大。因此，在一定意义上讲，当前的青年学仍然是一种"制度存在"而非基于自身理论体系的"知识存在"，其本质依然是一门制度附着型学科。

青年学作为一门新兴独立学科，面对目前所处困境和自身制度附着型学科的先天不足，绝不能把自身学科发展建设寄托在空谈学科意义上，而是要从学科实际问题和困难出发，蹄疾步稳地踏实推进学科建设，探寻切实可行的建设路径。

从学科长久发展角度看，制度附着型学科应对和化解危机的根本方法是通过学科知识积累和学术理论体系建设，依靠加强内生知识增长来降低对外部政策制度的附着度。一些饱受质疑的新兴学科，如人类学、管理学、社会学等，无不凭借扎实的学科知识积累和学术创新来实现学科建设困境的突破。由此可见，青年学学科只要通过不断加强学科知识积累，提高学术研究的品质，实现从"制度存在"向"知识存在"的转变，就可以减轻对现有学科管理制度的过度依赖，进而从根本上改变青年学学科"制度附着型学科"的学科性质，彻底消除学科建设的外在制度性和生存性问题。

着眼当下，要解决青年学学科的外在制度问题还需要从制度的角度切入。具体而言，除了国家学科、专业管理政策制度改革外，青年学学科自身的制度建设主要从两个方面着手：一方面是学科得以立足的保障性制度建设；另一方面，则是维持学科不断成熟壮大的发展性制度建设。结合我国青年学学科建设的实际情况，笔者建议，我们可以紧紧围绕学科管理政策中"理论研究方法、基本的学科建设、社会对青年学学科的认可与需求"等较为客观和较有操作性的基本条件入手，脚踏实地地推进青年学学科的独立学科建设。

首先，加强学术理论研究，提炼学科发展方向，做好基本的学科建设工作。"打铁还须自身硬"，青年学学科要想在激烈的学术竞争中立得住，站得稳，就要从根本上夯实自身学科理论建设，只有高水平的学术成果才能带来青年学学科的健康发展，取得学术界对青年学学科的认可。然而，由于学科地位、学科属性一直是当前关于青年研究学科争论的焦点，所以，学术界对"理论""研究范式"的研究较多，对青年学学科基本的学科建设工作，特别是二级学科建设、人才培养质量的关注较少，以致人们开始淡忘和忽略了二级学科建设、人才培养质量对青年学学科建设的基础作用和现实意义。对标现行学科政策对独立学科的设立条件可知，二级学科是独立学科建设的基本单元，也是开展学术研究的最基本的单位，扎实的二级学科是一个学科完成理论建设和人才培养的基本保障。特别是人才培养质量，这对一门学科发展的重要性更是不言而喻。人才培养质量既是一门学科彰显其学术水平的一个重要维度，也是理论服务实践的主要途径，更是保持青年学科人才队伍可持续发展的基础。总之，从现实情况来看，青年学的学科建设选择一条"由下而上与由上而下相结合"的学科建设路径更为实际。① 即要坚持"循序渐进"原则，继续加强基本的学科建设工作，先争取在现存一级学科下设立青年学的二级学科，为青年研究和青年学学科建设的良好发展打下坚实的学术基础，培养一定规模的高质量人才，然后再择机将青年学确定为一级学科，从而规范发展为真正的独立学科。

其次，推进学科机构和学术管理制度建设。学科机构和学术管理制度是理论体系与研究方法、学科建设的现实依托和制度保障，是学术共同体和学科得以存在和维系的根本。在一定程度上讲，学科机构、制度与学科理论、人才培养是唇齿相依的，恰如硬币的两面，相互不可分割，学科机构和学术管理制度的发展完善标志着一个学科和人才培养的繁荣兴盛。因此，我们要大力推进青年研究的学科机构和学术管理制度建设，加强各地共青团系统和高校的青少年研究机构、青年工作组织、青年学院等相关专

---

① 邓希泉．论青年研究学科建设困境的超越及其建构［J］．中国青年社会科学，2017（1）．

业与学科机构建设，让青年研究者拥有独立、固定的研究场所。特别是专业的青少年研究中心（所），是青年学学科制度建设过程中极为重要的一个环节，是学科独立地位的至关重要的标志。青年研究和青年学学科的发展历史也表明，独立而健全的青少年研究中心（所）是目前为止最适合青年学立足发展的组织形式，抛弃了青少年研究中心（所）这一组织形式，青年学的发展与学科建设工作就会失去安身立命之本，极有可能在学术管理制度上走向"自我放逐"的漂流的状态，更不要奢谈学科理论建设的目标和理想。近几年，国内有一些青少所被撤销，或合并到团系统的机关部门，或者被高校改制为思政学院、马克思主义学院等，青年学学科在机构和研究内容上看似被升级扩大，但却面临着专业性和学术特色被消融和淡化的危机。所以，我们还是要在政策、资源上对现有的青少年研究机构、学术组织给予帮扶，加强青年学的学科管理体制建设，同时做大做强青年学的专业学术期刊和传播平台，努力提升青年学的学术管理规范性和学术影响力。

最后，增强研究的实践价值，以分类贡献的方式提升社会认可度，满足社会需求。青年学学科作为一门现代学科，其学科的突出特征在于研究的问题导向和实践价值。青年学学科的实践价值主要体现在两个方面：一方面是宏观实践价值，即以理论研究和政策咨询服务于新时期党的青年实践和团的青年工作；另一方面是微观实践价值，即聚焦具体的青年群体、青年现象、青年问题，服务于基层团组织、青年组织和特殊群体。由于两种实践价值的实现途径和作用机制存在极大区别，很难有一个青年研究机构或者研究人员可以在实际研究工作中同时实现两种价值。因此，有必要对不同层次和类别的青年研究机构做实践价值实现方式的分类规划，有目的地加以选定，以分类贡献的方式发挥各自功能，提升社会认可。简单来讲，对于个别面向全国或隶属于高水平大学的青少年研究机构来讲，应该加强其高水平的理论研究，发挥其高端智库的作用，使之继续服务于党和国家的青年事业。同时，固本培元，提升学科教育教学质量，为青年学学科的可持续发展夯实人才基础。而对于绝大多数地区性和新建青年研究机构而言，则需要脚踏实地地解决好所在地区的实际问题，回归研究初心，服务于当地团组织工作，解决当地青年关心的实际问题，通过具体的青年研究工作实践，提升举办单位、人民群众的"获得感"认可度与美誉度。与之相应，青年学学科对本学科研究人员的职称评聘、工作考核等制度也要做出及时调整，坚持落实党和国家"破四唯""立四新"的科研评价政策精神，真正实现青年学学科内部学术生态系统和外部社会环境的良好互动，为青年学学科的独立学科建设做好现实准备。

第四章　知识生产模式与青年学学科建设

如前所述，我国青年学学科建设的内在根本问题依然是理论层面的学科建设问题。也就说是，只要青年学学科能够在知识产出、研究对象和研究范式等方面符合传统学科知识生产的方式方法，那就可以较为容易地获得内外部研究者对其独立学科地位的认可。但是，随着目前科技和知识生产模式的变化，传统学科的判断标准正不断被学术界质疑，新兴的知识生产模式Ⅲ正在成为人类现代社会主流的知识生产方式，也正影响着人们对"学科"标准的重新反思。因此，从知识生产模式的视角探讨青年学学科建设是青年学研究者无法回避的理论问题。

众所周知，知识是人类社会经验的总结，具有超越历史的"永恒真理性"，但是知识生产模式作为一种学科制度却随着人类社会生产力的发展而发生变化，因此，具有明显的时代性和局限性。人们把知识作为学科建设的逻辑伊始，在这一过程中所积累沉淀起来的知识就被梳理汇总为学科，在探索知识过程中逐步形成了关于知识生产的规律性框架，即知识生产模式①，属于理论层面的学科制度的概念范畴。所以说，知识生产模式和学科的确立及学科建设有着十分紧密的联系，二者互为补充，不可分割。知识生产模式为学科的知识生产提供内在动力和生产制度的支撑，而学科的确立和进一步建设则利于学科知识成果的系统化，以及知识生产规律的总结和生产模式的再优化，并加速知识生产模式的变革。

随着生产力的不断进步，人类的知识生产方式也经历了一个从知识生产模式Ⅰ到知识生产模式Ⅱ再到知识生产模式Ⅲ的逐渐升级演进的过程。知识生产模式作为人类知识生产方式的具体化，对知识的生产结果，也就是知识体系必然带来巨大的冲击，而以知识体系为核心的学科也在很大程度上受到影响从而发生变化。回顾知识生产模式的历史发展脉络，对于我们重新反思青年学学科知识生产和学科建设有着重要价值。

一、知识生产模式的发展历程

（一）知识生产模式Ⅰ

知识生产模式与大学的学科建设密切相关，或者可以说是近

---

① 黄瑶，马永红，王铭．知识生产模式Ⅲ促进超学科快速发展的特征研究［J］．清华大学教育研究，2016（6）．

些年学者分析大学学科建设的一个常用学术名词。知识生产模式Ⅰ从缘起上来讲，可以认为是针对近代大学建设和知识生产而言的一种知识生产模式，与1810年德国洪堡大学有千丝万缕之联系，因此，知识生产模式Ⅰ也被人们称为"洪堡模式"。知识生产的洪堡模式深深受到17世纪牛顿经典力学的影响。当时的人们将牛顿物理学所创建的科学研究范式作为最为推崇的知识生产模式，并认为，只有按照经典物理学的研究范式进行科学研究活动和知识生产才能构建起体系紧密的科学"学科"。借用库恩范式理论，知识生产模式Ⅰ是一种学科理念、研究方法、学术价值和研究规范的概念综合体，并在此基础上形成了以规范化和制度化的知识探究、学科制度为基础的知识生产模式。① 知识生产模式Ⅰ有着很多突出的特征：第一，知识生产的主体具有唯一性，就是栖身于近现代大学中的教授和研究人员等学术共同体；第二，知识生产目的的非实用性，在该模式中，学术共同体进行知识生产的目的不具备功利性，学术科研的第一动力也不是为了满足社会需求，知识生产是为了探究"上帝造物的奥秘"抑或是为了推动知识进步而展开的"为学术而学术"的活动；第三，知识生产形式的单一化，知识生产模式Ⅰ特别强调研究的单一学科基础，即研究人员必须属于某一固定的学科之内，严格"忠诚""献身"于某一个明确的学科门类，并服从该学科的研究规范和知识体系

---

① 迈克尔·吉本斯，等. 知识生产的新模式——当代社会科学与研究的动力性 [M].
陈洪捷，沈文钦，等译. 北京：北京大学出版社，2011：3-6.

的"规训"，知识体系与学科高度一致，知识生产活动实行严格的制度化。因此，知识生产模式Ⅰ就具备古典科学或传统单一学科研究的学科制度特点，学科与学科之间有着十分明确和严格的划分。由于科技带来工业的进步，知识和人们生产生活的联系越加紧密，同时，大学垄断知识生产的特权也开始被研究院所取代。1660 年成立的英国皇家学会（Royal Society）就是一个典型代表。很多知识开始在大学之外产生，直到 20 世纪中后期，科研人员在工厂、公司的实验室内开始取得应用技术的突破和专利，以大学为主要知识生产机构的知识生产模式Ⅰ就受到了社会经济发展的巨大挑战，人类的知识生产模式也开始转变为追求应用科学为主的知识生产模式Ⅱ，并成为主导 20 世纪的知识生产模式。①

（二）知识生产模式Ⅱ

1994 年，美国学者迈克尔·吉本斯（Michael Gibbons）在其著作《知识生产的新模式：当代社会科学与研究的动力学》中首次提出了"知识生产模式Ⅱ"这一学术概念。在吉本斯看来，今天的人类社会处于知识与生产相结合的知识经济时代，原本专属于大学的知识生产特权和与之共存的"象牙塔式"的学院式知识生产、学科孤立等传统的知识生产模式已经失去了存在的现实基础，现今的知识生产越来越围绕问题而展开，突出了问题实践导

---

① 理查德·惠特利. 科学的智力组织和社会组织［M］. 赵万里，等译. 北京：北京大学出版社，2011：5.

向功能。在这种背景下，以"大学—政府—产业"三者联合为知识生产共同体取代了大学这个单一的知识生产主体，形成了知识生产模式Ⅱ所提倡的三螺旋知识生产的主体结构。

在知识生产模式Ⅱ里，高校、企业行会和政府机关凭借知识与社会经济生产之间的关系联系在了一起。在此基础上形成了知识生产模式Ⅱ的基本结构：大学依然承担着社会知识生产的主要功能，但是这时的知识生产开始结合政府、社会和产业界的需求；政府在知识生产过程中，为大学和一些科研机构提供资金、基础设备和制度环境等方面的保障，同时也为大学的知识生产提出需求和发展方向的建议，密切大学知识生产与社会、产业界的关系；产业部分则是大学知识生产的主要使用者和消费者。① 在上述结构中，大学、政府、产业部门三者协同配合，相互连接，一起组成了知识生产模式Ⅱ的生产主体格局。与此同时，人类知识的生产与使用也突破了生产模式Ⅰ中的大学围墙，知识生产模式Ⅱ的"知识生产—知识转化—知识应用"在社会生产实践中紧密融为一体，知识生产的目的也不再是单纯的"为学术而学术"。知识生产的目的变得更加趋近于现实需求和问题导向，大学里的知识生产由原来纯粹知识理论探究的传统研究方式开始向理论＋实际应用的综合研究方式变化。② 以实际问题解决为目的，追求理论

---

① 卓泽林. 大学知识生产范式的转向［J］. 教育学报，2016（12）.

② Risto Rinne, Jenni Koivula. The Changing Place of the University and a Clash of Values：The Entrepreneurial University in the European Knowledge Society［J］. Higher Education Management & Policy，2005（17）.

性与实用性相结合的知识生产模式Ⅱ，其知识的生产必然会突出或者超出原来单一学科的理论范围限制，进行所谓的"跨学科研究"，进行独立学科和各个学科之间相互交叉，并由此形成了知识生产模式的新特点。

第一，知识生产的目的更加倾向应用。与知识生产模式Ⅰ追求学术志趣的研究目的不同，知识生产模式Ⅱ更加注重所生产知识的实用价值。由于这种真实问题情况的复杂性，就要求与之相关的不同利益各方都要参与知识的生产过程，因此，知识的生产也更具有合作协商的特点，突出了应用倾向。

第二，知识生产依托的学科知识更加复合化。由于知识生产目的发生了根本性的变化，知识的价值更多是体现在对现实问题的解决上，而非局限在单一学科范围内的纯学理知识。因此，在一个宽广和复杂的真实问题情境中，以跨学科、超学科的方式进行知识生产就成为该生产模式的一种常态。

第三，知识生产的机构更加多样和异质化。在知识生产模式Ⅱ中，知识生产的组织机构虽然依旧依靠大学，但是大学已不再是唯一的知识产出中心，很多科研院所、企事业研究室/实验室、私人科研机构都成了现代知识的生产基地。因此，该模式的知识生产机构呈现出典型的"去中心化"和"多中心"的特征，知识生产的机构更加多样和异质化。

第四，知识生产的产出评价更加多元化。由于知识生产模式Ⅰ的背景和研究问题局限于单一学科的学理问题，因此，对于知识生产质量的评价主体还是依托其学科所在的知识共同体，评价标准也相对固定和单一。相反，知识生产模式Ⅱ由于所涉及的利益相关者众多，因此，除了同行评议外，这些利益相关者的意见，以及知识能够解决实际问题的程度等，都成为检验和评价知识质量的多元化标准。

伴随着人类科技的不断更新和社会分工的深度调整，必然带来人类知识生产模式的变化。从知识生产模式的宏观历史进行分析可知，知识生产模式Ⅰ的生产活动更适应大学作为唯一知识发生地的传统时期，而且，这种生产方式对于人类后续知识生产方式的演进有着不可替代的作用。一方面，知识生产模式Ⅰ因为其生产模式足够稳定和成熟，所以，它依然是人类社会知识生产的重要途径和方式；另一方面，由于知识生产模式Ⅰ具有知识生产和学科人才培养的双重功能，因此，它从知识源头和人才摇篮的角度成为其他知识生产模式的原始动力和"源头活水"。故此，我们不能够把知识生产模式Ⅰ和知识生产模式Ⅱ进行完全的切割和对立。知识生产模式Ⅱ的最早提出者吉本斯也曾多次指出，知识生产模式Ⅱ是以知识生产模式Ⅰ为基础的，在一定的情况下，二者还会进行融合，并且发展成为现代科学生产的重要方式和途径。在知识生产模式Ⅱ发展的初期，二者的生产模式必然会有重叠，甚至会出现知识生产模式Ⅰ占据主导的情况。而由于知识生产模式Ⅱ的成熟和发展，必然会强化大学与社会知识生产之间的互动关系，因此，提升了大学服务经济和社会发展的知识生产能力，也就从另一个侧面促进了知识生产模式Ⅰ的进一步发展。这就是为什么两种知识生产模式会以一种重叠交叉、同向并进的形式发展，这也解释了为什么我们不能忽略任何一种知识生产方式，因为，忽略任何一种方式都可能打破知识生产的生态系统，导致知识生产的非均衡状态问题的出现。

（三）知识生产模式Ⅲ

随着知识经济的深度发展，科技创新已经日益成为人类社会经济发展的主要动力，而科技创新的核心源泉就是知识的高质量生产，各国对知识生产和创新的重视也达到了前所未有的高度。在这种背景下，2003 年，乔治·华盛顿大学的埃利亚斯·G.卡拉雅尼斯针对当代社会知识生产模式变革，发表了学术论文，提出了全新的概念——知识生产模式Ⅲ。卡拉雅尼斯在文中对知识生产模式Ⅲ进行了较为清晰的界定：知识生产系统是一个由多个层次、不同形态、多元主体、不同节点进行多边互动的知识创新系统……这种知识生产模式与之前不同，它更加重视大学和企业、政府，特别是公民社会等其他非学术机构的多层次、多形式和多途径的沟通互动，协同创新。这种知识生产模式十分关注上述四个主体之间的合作关系，这种知识生产模式是"去中心化"的，也是"合作共赢"的。①

简而言之，知识生产模式Ⅲ在原有的知识生产模式Ⅱ的基础上加入了"政府""公民社会"这一个全新的知识生产主体，将传统的大学、企业的二元知识生产主体一下子扩展成了大学、企业、政府和公民社会的四元结构。这既体现了新管理主义盛行下政府权力的重新扩展，同时也表明了在互联网时代，自媒体、公民个人和公民社会对人类发展和知识生产的巨大作用。埃利亚斯·G.卡拉雅尼斯将大学、产业、政府及公民社会这四个知识生产主体概括为"四螺旋"，其中需要特别说明的是，"公民社会"是第四螺旋，主要是指基于媒体和文化导向的公众和公民社会。②在今天的时代背景下，普通民众和以民众为主体形成的公民社会成了新知识的主要使用者和推动者，因此，从知识的生产和消费的两个端口对知识生产模式产生了巨大的影响。进而与新知识的生产和发展产生了高度紧密的相关关系，也被知识生产模式赋予了极端重要的角色地位和重要价值。在原有的知识生产的"三螺旋"主体结构中加入"公民社会"，就突出了知识的情境适应性，形成了知识生产新的生态系统。③在这一创新生态系统中，作为

① E. G. Carayannis, F. J. David. Campbell. Mode 3 Knowledge Production in Quadruple Helix Innovation Systems—21st – century Democracy, Innovation, and Entrepreneurship for Development [M]. New York：Springer, 2012：31.

② E. G. Carayannis, D. F. J. Campbell. "Mode 3" and "Quadruple Helix"：Toward a 21st century fractal innovation ecosystem [J]. 2009, 46 (3/4).

③ 武学超. 模式3知识生产的理论阐释——内涵、情境、特质与大学向度 [J]. 科学学研究, 2014, 32 (9).

知识生产主体的大学、产业、政府及公民社会，就借助知识的垄断性和专业性顺势形成了一套较为稳固和独立的社会利益关系链，四者彼此相互协同配合，从而对大学的知识生产活动产生了深远影响，因此，当下知识生产的一个重要目的就在于平衡各个群体的利益，实现公共利益的最大化。[①]

从当前学科发展的趋势来看，青年学的学科建设和发展主要是结合今后一段时期内最主要知识生产模式即知识生产模式Ⅲ。本章也主要是从知识生产模式Ⅲ的角度去探讨知识生产模式对我国青年学学科建设的意义和价值。

二、知识生产模式Ⅲ的基本内容

（一）知识生产模式Ⅲ的发展脉络

随着知识经济和经济全球化的不断深化，知识和创新在社会发展中的作用越加重要，人类社会和经济的发展模式也由最初的"资源驱动"升级为现在的"创新驱动"。在这种大的社会背景下，人们对人类原有的知识生产模式进行了新的反思和再认识。2003 年，美国乔治·华盛顿大学商业与公共管理学院（School of Business and Public Management，The George Washington University）

---

① 黄瑶，王铭. 试析知识生产模式Ⅲ对大学及学科制度的影响［J］. 高教探索，2017（6）.

著名学者埃利亚斯·G.卡拉雅尼斯（Elias G. Carayannis）教授率先提出了"知识生产模式Ⅲ"的学术概念和基本思想。卡拉雅尼斯通过对营利和非营利组织的分析，探讨了知识生产模式的变化对于创新、创造产生的影响，以及创新、创造与竞争力之间的关系。也正是在这样的问题情境中，埃利亚斯·G.卡拉雅尼斯尝试提出了"知识生产模式Ⅲ"的概念雏形并对上述问题进行解读。其后，卡拉雅尼斯又和来自奥地利克拉根福大学（University of Klagenfurt）的戴维·F. J.坎贝尔（David F. J. Campbell）教授等进一步合作阐发了"知识生产模式Ⅲ"的具体概念与基本理论。

不同主体之间的"创新合作网络"以及后全球化时代所产生的"全球本土化"趋势是促使卡拉雅尼斯重新反思当代知识生产模式的重要时代背景。2004—2006年，卡拉雅尼斯教授和他的研究团队发表了一系列文章，对知识生产模式Ⅲ的背景和生成的逻辑及重要价值进行了深刻阐释。在《跨大西洋创新基础设施网络：公—私、欧国研发伙伴》《跨大西洋公私合作研究方式的分析：一种全球知识生产—传播模式》等一系列论文中，系统论证了"创新合作网络""全球化本土化"和"不同国际主体中的研发合作网络"等科研合作形式对未来知识生产模式带来的冲击和影响。2006年，卡拉雅尼斯和坎贝尔教授在其合作完成的专著《创新网络和知识集群中的知识创造、传播和使用》中正式以"知识生产模式Ⅲ"这一专业术语来描述和阐释21世纪的欧美高校和社会的知识生产、传播的应用行为。为了更好地论证知识生产模式Ⅲ中蕴含的学术理论逻辑，卡拉雅尼斯教授等研究人员在学术论文《重新发现熊彼特：从"创造性破坏"到"模式3"》中，从"创造性破坏"理论的比较视角来阐发其与知识生产模式Ⅲ之间的前后逻辑关系。随后，陆续发表《"模式3"和"四重螺旋"：迈向21世纪的分形创新生态系统》《开放创新外交与21世纪分形研究、教育和创新生态系统：基于四重、五重螺旋创新设想的模式3知识生产系统》《四重螺旋创新系统中的模式3知识生产：为21世纪发展的民主、创新与创业》《学术型企业：创新驱动知识经济下创业的新设计与再设计命题》《网络发展中的学术公司：创新驱动的知识经济中创业的新设计与再设计命题》等重要学术成果，对知识生产模式Ⅲ的具体概念、主体结构的变化、创新生态建设等核心问题进行了详细的论述，也使得知识生产模式Ⅲ的理论体系日趋成熟和完善。

（二）知识生产模式Ⅲ的基本理论

1. 知识生产模式Ⅲ的理论要件

知识生产模式Ⅲ的理论体系中，卡拉雅尼斯创造性地使用并赋予了"群簇"（cluster）、"网络"（network）和"生态系统"（ecosystem）新内涵来搭建自己的理论体系。"群簇"概念主要用来描述知识生产主体之间的合作关系及其特征，按照主体之间地理范围由远及近，合作程度由浅入深可以划分为三个主要的类型："地理/空间群簇"（geographic/spatial clusters）、"行业间群簇"

（sectoral clusters）和"知识群簇"（knowledge clusters）。具体而言，"地理/空间群簇"主要是指以地理空间的距离远近进行的合作主体之间的划分，这种主体间的群簇关系大多是凭借地理距离的相近或空间位置的相邻而形成协同合作关系，其目的就是强化不同地理区域内不同要素间知识的交换、传播和合作生产。"地理/空间群簇"的内部还存在"地方性"和"区域性"的种类差别，"地方性"的"地理/空间群簇"多指国家或者政治实体内部的合作，"区域性"则倾向于国家或地区之间的合作关系。"行业间群簇"则是从合作主体各自所处的行业性质进行划分的一种合作关系和类型，主要是指在知识生产的过程中，大学、企业、社会、政府等分属不同行业的主体和机构之间围绕一个共同的主体进行跨行业的合作，从而形成由不同行业属性利益相关者所组成的知识合作生产结合体。

大学和很多其他的科研机构的知识生产也在很大程度上被这种"共同需要"所驱动，目的在于协同创造和生产符合共同需要的"文化知识"，在社会上形成新型的"知识创新和创造文化"。"知识群簇"是知识生产模式Ⅲ中的合作主体的第三种类型，这种组合方式可以认为是知识生产模式Ⅲ所特有或者是最具特色的方式，不同于"地理/空间群簇"和"行业群簇"按照空间距离和所属产业性质的界定，"知识群簇"具有更强的跨时空、超越行业属性限制、跨学科等特征。概括来讲，"知识群簇"主要是指在知识生产活动中，不同的利益相关者围绕着共同的问题和满足彼此知识的共同需要，依靠各自在共同问题上的相对优势和互补性，而进行的一种共同知识生产联合。"知识群簇"因此具有动态协调性、开放性和自我组织性等典型特征。①

"网络"是知识生产模式Ⅲ的另一个重要的组成因素。从本质上来讲，在该理论体系中，网络主要也是用于描述知识生产主体之间的合作、联合的关系，重点是为了突出知识生产过程中不同主体之间的相互支持、相互配合、相互补充的特点。但群簇和网络之间又存在着明显的区别：群簇概念所表达的是合作主体之间的外部合作关系，如国家之间、大学与企业之间、多个利益相关者之间的合作关系，这种关系存在的前提是合作者是独立的组织、机构或者个人。而网络的概念较之前者则更为宽泛，不仅可以用来描述独立个体之间的群簇联合关系，而且还可以表达联合体与联合体之间的合作关系，也就是用来描述群簇1与群簇2进行的合作关系。网络对于分析当今社会的知识生产模式Ⅲ有着十分重要的意义和价值：第一，从知识生产和创造的过程看，网络把知识生产的不同环节和情境进行了高度融合，利于揭示知识生产模式Ⅲ与众不同的生产过程；第二，从知识生产的参与主体看，网络可以将知识生产过程中的不同系统、行业和部分等利益相关

---

① E. G. Carayannis, D. F. J. Campbell. Mode 3: Meaning and implications from a knowledge systems perspective [A] .// E. G. Carayannis, D. F. J. Campbell. Knowledge Creation, Diffusion, and Use in Innovation Networks and Knowledge Clusters: A Comparative Systems Approach across the United States, Europe and Asia. West – port, Connecticut: Praeger, 2006, 12 (20) .

者进行异质性的联合表述，揭示出知识创新联合体的诸多新特征。可以说，网络和群簇概念基本就表达了今天知识生产模式Ⅲ所构建的复杂多样的生产因素和高度异质性的合作关系。作为知识生产模式Ⅲ的基本知识生产观念及其关键因素，其所定义的所谓创新网络可以这样去解读："在公共或私营部门环境中，用来培育创意、激励发明、催化创新的现实或虚拟化基础设施联盟和基础技术联盟。"①②

　　知识生产模式Ⅲ中第三个重要的基础概念就是"创新生态系统"，卡拉雅尼斯和坎贝尔教授在自己的论文中对这个概念进行了更加全面的界定：分形研究、教育与创新生态系统（fractal research，education and innovation ecosystem，FREIE）。在该术语中，分形（Fractal）的原始含义是不规则的、破碎的、琐屑的几何特征，其喻义是非线性的、多变化的形式。分形研究（fractal research）就是指和传统经验实验研究不同的，非线性、容易因任何因素干扰而发生变化的研究方式。总体上看，FREIE 是一个包含多个主体、不同层次和诸多样态的合作联系"网络"，其中又包含"创新元网络"（innovation meta – networks）（创新网络与知识集群的网络）、"知识元群簇"（knowledge meta – clusters）（创新网络与知识集群的集群），以及形成于自我指涉（self – referen-

---

①　E. G. Carayannis，P. Laget. Transatlantic innovation infra – structure networks：publicprivate – eu – usr&d partnerships［J］. R&D Management，2004，34（1）.

②　武学超. 模式 3 知识生产的理论阐释——内涵、情境、特质与大学向度［J］. 科学学研究，2014，32（9）.

tial）和混沌分形（chaotic fractal）的知识创新体系。[①] 从另一个侧面来讲，在协同进化、协同专属和竞争合作的思维逻辑的支配下，"创新元网络"和"知识元群簇"又进一步组成了我们今天所看到的人力资本、社会资本、技术协同创新联盟等知识生产因素。同时，上述"创新元网络"和"知识元群簇"在高校、社会、政府、企业等组织机构中和一些新兴技术领域里进行建构与解构的不断迭代创新，从而创生出一个全新的、符合知识生产模式Ⅲ特征的知识创新生态系统。

知识生产模式Ⅲ作为由知识生产模式Ⅰ和模式Ⅱ演变发展而来的新知识生产方式，依靠群簇、网络和 FREIE 等方式实现，围绕公众利益相关问题进行跨区域、跨部分、跨学科的知识联合创造与生产。在这种情境下，知识生产模式Ⅲ形成了动态协调性、开放性和自我组织性的多节点、多层次、多主体的知识创新系统。这种"多边（多主体）、多形态、多节点、多层次"四维结构模式和 FREIE 具有的"竞合、共同专属性和共同演进"三重逻辑机理共同生成了"知识生产模式Ⅲ"的系统结构。[②]（见图4.1）

---

① 武学超. 模式 3 知识生产的理论阐释——内涵、情境、特质与大学向度 [J]. 科学学研究，2014，32（9）.
② 武学超. 模式 3 知识生产的理论阐释——内涵、情境、特质与大学向度 [J]. 科学学研究，2014，32（9）.

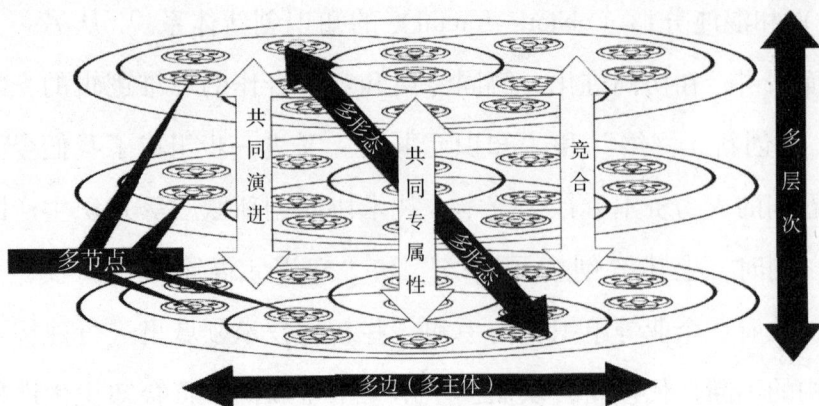

图4.1　知识生产模式Ⅲ的知识生产系统结构①

　　在"知识生产模式Ⅲ"的系统结构中，知识生产的主体也打破了生产主体和知识科学体系的有限制约，形成了以"大学—政府—企业—公民社会"为主体的四螺旋生产主体机制（见图4.2）。该主体机制里，代表四个不同利益主体和生产主体的群簇具有很强的公共利益和互补性，通过超学科、分形研究和差异性组织等多种形式实现知识生产过程的高品质控制，并在这一过程中，充分发挥公民社会所具有的民主性、参与性和批判性等特征，确保通过多种学科视角和不同主体的参与来实现共同问题的科学解决，从而最大限度地保障公众权益。

---

① G. Elias. Carayannis Quadruple helix and "mode 3" knowledge creation: moving from Thessaloniki, 2nd International Conference on Entrepreneurship [J]. Innovation and Regional Development, 2009 (4).

时间

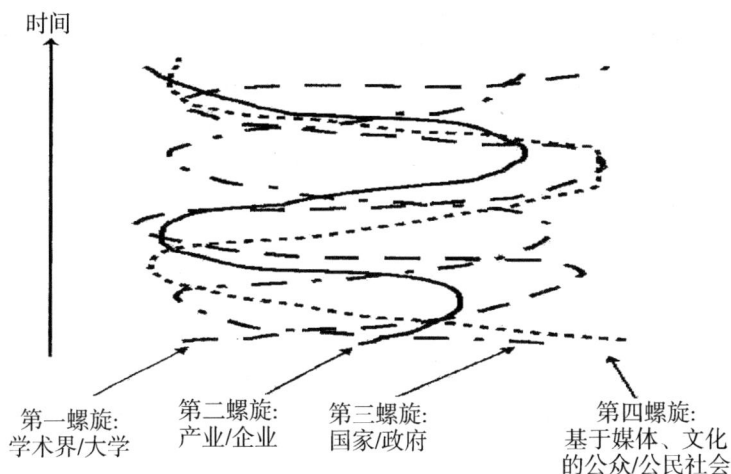

第一螺旋：
学术界/大学

第二螺旋：
产业/企业

第三螺旋：
国家/政府

第四螺旋：
基于媒体、文化
的公众/公民社会

图 4.2　以"大学—政府—企业—公民社会"为主体的四螺旋生产主体机制①

2. 知识生产模式与学科发展之间的联系

知识生产模式与学科发展之间存在着密切的联系。如前所述，学科是知识生产的成果累积，而知识生产模式则是学科知识的具体生产过程，知识生产过程的变化必然会引起学科知识体系和学科建设实践的改变。学科作为知识生产结果的一种现实状态和分类，反过来也构成了知识生产模式的知识基础，在一定程度上也对知识生产方式产生一定的影响。当知识应用的外部环境发生变化时，学科原有的知识体系和知识生产模式都将发生改变，知识生产体系和知识生产模式之间的矛盾和相互影响的关系就显得越加明显。

---

① 武学超. 模式 3 知识生产的理论阐释——内涵、情境、特质与大学向度［J］. 科学学研究，2014（9）.

在知识发展的过程中，人类社会的知识生产模式从单一的知识生产模式Ⅰ发展到知识生产模式Ⅲ，知识生产活动的应用性、多学科性和生产主体的多元化都在不断强化。相应地，作为知识生产结果的学科，也从单学科一步步发展为多学科、跨学科，甚至是超学科。知识生产模式作为一种复杂的社会实践活动在短时间内是不容易发生改变的，主要是由于原有知识体系的变化而引发的。学科形式日益多样化，从纯理论学科知识过渡到应用型学科知识，从单一学科发展到了多学科基础的超学科。学科知识的新发展，也对新知识的高度融合与应用倾向提出了更高的要求，人们对新的知识生产模式的呼吁也不断高涨。越来越多的知识需求主体加入知识的生产过程中，不断催生了知识模式的更新，加快了学科知识的迭代升级。

综上所述，学科知识的更新和知识生产模式的进步是相辅相成，互为因果，相互依赖的，两者有着极为密切的互动关系。二者共同遵循着"理论→应用；分科→综合"的知识演进路径。社会对知识的新需求促使了知识生产模式的创新，知识生产模式的升级也满足了知识体系的内在需要，进一步提升了学科在社会中的重要价值和认可度。总之，新的知识需求促使学科知识体系在供给上做出调整，促进了知识生产模式的革新升级。而不同的知识生产模式又实现了学科知识的创新和优化，保障了人类知识生产的健康有序发展。

（三）知识生产模式Ⅲ的主要特征

1. 公民社会：全新的知识生产主体

将公民社会纳入知识生产的相关主体是社会民主力量不断壮大的必然要求，而公民社会参与知识的可能性在很大程度上可以归因为互联网等信息技术的巨大进步。"公民社会"的概念是基于人们对人类共同利益、国家民族发展和普通公民权利的基本尊重和维护，具有最大限度的"集体正义"和"群体公益性"，二者在法律体系中又构成了公权力对公民权利的干预和限制。① 一般情况下，公权力可以透过对群体公益的限制来控制和影响公民实际享有的权利，也可以借助行政、司法等较为灵活的政府管理手段对公民权利和公民利益施加直接的影响，其作用的有效性往往比法律更为直接和快速。

另一方面，公众的"群体公益"和公众权利的获得与保障，不可能完全依靠政府的"自愿赋权"，而是必须通过与政府的动态博弈来最终享有。而在当今的知识经济社会中，知识与公权力、话语权的密切程度已经超越了以往任何时代，知识分子和社会知识也更加成为政府对民众进行"心灵管理"的重要"规训手段"。② 因此，对知识生产的参与就成为公民社会中民众对自身权

---

① 李会，房震. 公共权力的公益原则及其限度［J］. 当代法学，2003（10）.

② 吕振合，王德胜. 知识与权力：从福柯的观点看学科场域中的权力运作［J］. 自然辩证法研究，2007（9）.

利和集体公益保障的重要内容和途径，互联网技术的突飞猛进也为公民社会参与知识生产提供了可能，起到了推动作用。

公民社会作为一种新的知识生产的参与者和新主体开始出现在今天的人类社会知识的生产流程中，这对于人类知识的更高质量发展有着重大意义。它有利于破解知识生产模式Ⅰ和模式Ⅱ中的利益局限，使人类知识生产活动进入一个服务于"集体公益"的良性发展轨道。由于生产模式Ⅰ和模式Ⅱ中的知识生产主体主要是大学、企业、政府，这些数量有限的不同利益主体就很容易从各自本位利益的角度对知识和权利进行最有利于自己的划分。利益主体容易将各自集团的私利置于社会大众公益之上，片面追求知识所带来的经济效益和部分利益，忽视了人类知识本身所具有的"集体正义"和"群体公益性"，也因此造成了知识生产模式的弊端和发展动力不足。

在知识生产模式Ⅲ中，公民社会成了知识生产的实体，这种地位的确定有着两方面的重要意义。第一，承认了公民群体在当今社会知识生产中的重要地位和实际作用，知识经济的大发展使得很多新知识产生于实验室之外，纯粹的象牙塔的研究越来越少，反而是源于实践的研究越来越多。这也进一步导致了今天知识生产的研究主体多样化、跨学科知识体系的复杂化等诸多新特点。第二，公民社会参与知识生产，在很大程度上是打破了小部分知识精英对人类知识的垄断。如果从福柯所谓"知识规训"的角度分析，公民社会的参与就在很大程度上完成了对统治阶层权力的分解，让"知识"具有了更多与普通大众切身利益密切相关的公益属性和民主价值。知识生产模式Ⅲ的这种公民性和参与性也赋予了该知识生产模式长久不衰的动力。

2. 四螺旋机制：全新的知识生产动力

人类社会的每一种知识生产模式都有其独特的生产主体，生产主体的不同也就意味着生产动力的不同。知识生产模式的动力问题，在很大程度上就是生产主体之间合作关系和合作模式的问题。回顾人类经历的三种知识生产模式，知识生产模式Ⅰ的动力机制是单螺旋或者双螺旋，知识生产模式Ⅱ的动力机制是三螺旋，而知识生产模式Ⅲ的生产动力机制则是四螺旋机制。要更好地理解知识生产模式Ⅲ的知识生产动力机制，我们就必须对知识生产模式Ⅰ和知识生产模式Ⅱ的动力机制有一定的分析和认识。

知识生产模式Ⅰ主要是以大学或者学术科研机构为主体的知识生产模式，其知识生产的动力也是来自大学或科研机构。因此，研究者们习惯将知识生产模式Ⅰ的动力机制称为单螺旋或者双螺旋。单螺旋就是指只有大学一个主体作为知识生产活动的动力，双螺旋则是将"大学＋科研机构"视为两个知识生产主体，二者相互协作构成了知识生产的动力，在一定的环境下，大学依然是人类知识生产的中心和知识传播、人才培养的主要基地。在知识生产模式Ⅰ中，知识的生产模式是依靠有着共同学术背景和学术追求的学者而形成的，学术共同体基于学术志趣而进行的研究成了知识生产的主要动力。因此，在知识生产模式Ⅰ中，学术研究更多的是一种"象牙塔式"的研究与探索。这种知识生产模式依托组织松散的共同体来进行科学知识的基本生产，很多时候是围绕着学者个人的研究兴趣和学术爱好开展科学研究，积累沉淀出本学科早期的知识体系，并借进行教学和人才培养工作推广，这是学科化建设所必须经历的初期阶段。在该阶段，构成知识生产主体的大学或科研机构的主要任务是逐步构建一个较为规范和系统的学科知识逻辑体系和整体知识架构。同时，利用在大学课堂中进行学科知识传承和人才培养的环节，不断对学科知识进行丰富和细化，形成独具本学科特色的学科知识体系、学科基本理论、学科研究基本问题和学科研究的基本方法等，并在此基础上逐步形成学科内部不同的研究方向以及分属基础理论和实践应用的学科分野。

与知识生产模式Ⅰ的"单螺旋"（大学和科研机构视为共同的学术研究机构）不同，知识生产模式Ⅱ是在其基础上加入了两个不同的知识生产主体：政府、产业（企业），从而形成了所谓"三螺旋"的知识生产模式Ⅱ动力机制。在这一动力机制中，大学、政府和企业分别代表着不同的利益群体来参与知识生产，进而使人类知识生产活动更加多元化和实用化。学科建设的目标和动力也开始走出单纯的学术"象牙塔"，从学者的志趣转向了服务政府、企业的需求。学界普遍认为，在20世纪的创新环境下，由"大学—政府—企业"所形成的国家创新模式是表达和描述知识生产模式Ⅱ的理想主体链，结合三者在知识生产中的实际作用，一些学者提出了知识生产模式Ⅱ的"阴阳双三螺旋模型"理论（见图4.3）。①②

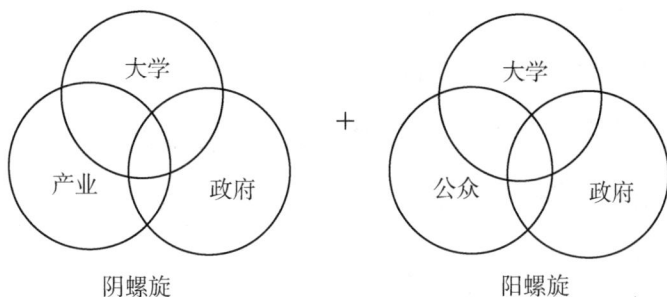

图4.3　阴阳双三螺旋结构③

知识生产模式Ⅱ所独具的三螺旋生产动力机制不同于以前的知识生产模式Ⅰ，该动力机制不过分关注知识的学术价值，而是将政府、企业所需要的实践科学和应用知识引入学科的知识体系中，加速了学科知识的应用价值和社会属性。在知识生产模式Ⅱ中，政府和企业分别发挥着不同作用，具体说来，政府主要是通过国家权力的介入来参与原来由大学（或科研机构）垄断的知识生产活动，政府公权力的介入主要又有"控制干预"和"自由放任"两种。"控制干预"主要是政府利用自身的地位，以行政手

① H. Etzkowitz, L. Leydesdorff. The dynamics of innovation: from national systems and "Mode 2" to a triple helix of university – industry – government relations [J]. Res Policy, 2000 (29): 109 – 123.

② 黄瑶，马永红，王铭. 知识生产模式Ⅲ促进超学科快速发展的特征研究 [J]. 清华大学教育研究，2016 (6).

③ 黄瑶，马永红，王铭. 知识生产模式Ⅲ促进超学科快速发展的特征研究 [J]. 清华大学教育研究，2016 (6).

段直接参与大学的知识生产活动中，帮助大学和企业建立合作的平台和桥梁，通过行政调控来让大学的科研活动服务、满足企业在实际生产中的需求，解决企业在生产中遇到的技术难题；"自由放任"则是政府通过立法规范、资金引导等间接手段参与大学的知识生产环节，通过专利管理、政策扶持等引导大学和科研机构投身到企业的生产经营活动中，提高知识转化的经济收益。①企业对知识生产的影响主要也是通过对大学的知识生产而进行的，企业通过制定行业标准、用工需求、行业技术指标等方式，可以影响大学的人才培养标准，从而影响大学的人才培养规格，进而倒逼大学必须结合企业实际需求对该学科知识体系进行建设和改造。知识生产模式Ⅱ的动力机制其实就是政府和企业通过社会大系统的合力，迫使大学结合企业和社会经济的需要来进行学科知识体系、课程设置和人才培养方案等具体内容的调整，大学也就在此时担任了社会创新动力源的作用。"大学—政府—企业"的知识生产模式也模糊了原本界限明晰的学科边界，为跨学科发展和知识生产模式Ⅲ的出现奠定了基础。

知识生产模式Ⅲ的动力机制是在知识生产模式Ⅱ的基础上进一步扩展而来的，其本质是三螺旋结构阴阳结构的四元升级，形成了当前学术界较为认可的四螺旋非线性创新生态结构模型。（见图4.2）与知识生产模型Ⅱ对比，知识生产模式Ⅲ主要是在

---

① 亨利·埃茨科威兹. 国家创新模式——大学·产业·政府"三螺旋"创新战略[M]. 周春彦，译. 北京：东方出版社，2014.

"大学—企业—政府"的动力机制的基础上增加了"公民社会"这一参与者，产生了"大学—企业—政府—公民社会"的知识生产动力机制。在该知识生产模式中，大学主要是借助其教学、科研和服务社会的功能来实现大学知识传播，培养学科知识传承人，同时结合社会经济、产业的技术和人才规模需求来进行人才培养和知识生产。企业更多的是从行业实用技术的角度提出新的研究问题和行业技术标准，一方面通过自身的科研力量进行知识的创新和生产，另一方面则为大学的相关基础理论研究提出问题和人才培养要求，与大学进行科学技术转化、人才联合培养的合作。政府在该模式中的主要作用和功能则是通过政策、法律、经济等手段创造一个利于大学、企业进行合作研发和知识创新的环境，为各个主体从自身角度进行知识的创新与生产提供制度与资金保障，从而推动社会经济的进步。公民社会是以往知识生产所没有的生产主体，它在知识生产模式Ⅲ中的主要作用是弱化大学、政府、企业等知识生产主体作为集体知识生产者的群体效能，提高个体在人类社会知识生产中的作用，突出研究者和普通民众的社会意识和社会责任。由于公民社会代表了绝大部分民众对知识的需求和对知识的态度，这就不同于代表了某些利益集体的大学、企业、政府进行知识生产的动机和目的，公民社会对知识生产的高水平和深度参与对于实现人类共同体的可持续发展，更好地发挥预判和应对世界重大危机和区域性问题的科技能力和政策水平，对推进构建全新的全球治理体系，促进人类社会经济发展、民主政治都有着重大的意义。① 知识生产模式Ⅲ借助目前高度发达的互联网信息技术和共享经济平台，实现了人类知识即时贡献的可能，特别是该模式形成了四螺旋围绕"知识生产共识"形成的中心空间，实现了不同利益相关方的跨区域、跨学科多维立体协同创新空间。

从整体上看，三种知识生产模式之间有着相互递进和包含的关系：知识生产模式Ⅲ的四个参与主体包括了知识生产模式Ⅱ（三个主体）和知识生产模式Ⅰ（单主体/双主体）。所以，从知识生产的动力机制角度看，知识生产模式Ⅲ包含了知识生产模式Ⅱ和知识生产模式Ⅰ的动力机制和相对应的逻辑关系，是两种知识生产模式（螺旋模型）动力的升级。在各知识生产模式所代表的利益群体方面，知识生产模式Ⅰ主要是代表了学者的研究志趣，大学虽然在一定程度上也曾经代表了公众意见，实现了一定程度的公益性，但无论在早期还是现代，以大学和科研院所为主体的这种模式，依然具有很强的学院气息和科研利益。

知识生产模式Ⅱ主要是从企业的经济需要出发，虽然在一定情况下有所谓的企业家精神、企业责任、行业规范等社会义务的制约。但是，企业作为经济组织所追求利益最大化时，也很难确保企业责任的充分履行，本质上还是具有很强的利己主义的产业经济利益取向。在通常情况下，政府作为保障公民权益的民意代表及权力机构，其参与知识生产的目的和动力应该

---

① World Bank［EB/OL］. Defining Civil Society.

是为实现公民民主、保障公民权益等政府契约，在知识生产过程中起到协调其他知识生产主体合作的基本职能，确保社会知识生产能够实现有序、协同和可持续、创造性地进行。为了防止政府在知识生产过程中沦为利益集团的狭隘代表，因此，有必要引入更加全面的民意主体对知识模式Ⅱ中的知识利益进行补充和监督。

知识生产模式Ⅲ所形成的"大学—企业—政府—公民社会"动力机制，与之前的知识生产模式Ⅰ和知识生产模式Ⅱ相比，更加重视普通公众在知识生产中的利益，在客观上增加了知识生产参与人群，保障了更多民众的利益，突出和强调了社会知识普惠性的价值立场。从理论上讲，公民社会是实现和维护公众利益的主体，意味着公民群体能够介入"知识—权力"的逻辑关系，从而制约政府权力对公共生活的管控，从而最大限度地维护普通民众的权益。但是，上述理论假设的实现则依赖公民社会中群众自觉意识觉醒程度、文化水平以及社会经济和民主化的成熟度。这些因素不单和国家、政府机构的治理水平密不可分，也受制于公民社会整体发展的程度。总之，从知识生产的动机来看，"大学—企业—政府—公民社会"的螺旋动机结构是不同利益共同体的最大公约数集合，这种多元化的参与结构既让知识生产模式Ⅲ具有了强大的生产能力，又让该模式本身具有了实现公民社会最大利益的公益性与合理性。

3. 复合知识群组：全新的知识生产方式

知识生产方式是用来描述知识生产过程中，不同因素（如知识生产的参与者、内容、目标等）如何进行组合、联系的动态过程。不同的知识生产要素的组合就会产生不同的知识生产方式，按照因素组合方式的复杂性和联系的紧密性，大致可以分为两种形式的知识生产方式：知识点、知识群组。知识点的特征就是孤独、单一的知识载体；相反，知识群组的形式则是围绕一个共同问题、相似价值取向或具有一定相关逻辑的知识点进行重新排列组合，形成一个有着内在逻辑关联的复合知识群组。知识生产方式从单独的知识点向复合知识群组提升的过程，其本质就是不同性质和类型的单独知识点进行再组合、再吸收、再创造的阶段，这种转变使得旧知识点脱离了原有的学科知识体系，在新学科环境中或应用场景形成了全新的知识形态和知识载体。知识内在逻辑的更迭与转换，也就是创新和转换了知识生产的具体形式，赋予旧知识以新结构和新形态。因此，知识生产模式的升级就伴随着知识生产方式的变革，二者在很大程度上具有同一性和同步性，知识生产方式的变革与创新也就直接引发了知识体系和学科结构的变革（见表4.1）。

表 4.1 知识生产模式与知识体系的关系①

	知识类型	知识生产形式	知识生产环境	知识内容性质	知识形成因素	知识生产目的	动力机制模型	知识生产群体
模式 I	编码知识	点状线性	实验室研究室	同知识域的同质性知识	科学的逻辑推理	科学兴趣	单螺旋双螺旋	大学科研机构
模式 II	默会知识编码后形成的新知识	非线性	社会实践	同知识域的同质性知识	依托原有学科知识在应用领域延伸	生产创新需求	三螺旋	学术界政府产业
模式 III	编码知识与编码后的默会知识结合形成新知识	多维网状	社会中的重大问题	不同知识域的异质性知识	实现知识的社会公益性回归	社会公共利益下的创新生态平衡	四螺旋	学术界政府/产业公民社会

从总体上看，知识生产模式 I 依然采用早期作坊式的知识生产方式，其生产的知识主要集中在基础科学的基本理论，以学者或学术共同体的研究志趣为主驱动。知识生产模式 I 的学科知识产出，其话语体系更加偏向于学院派风格，学术问题基本上都被严格框定在基础学科的领域，按照学科共同体的研究思维和研究范式，有意识地去搭建本学科的知识逻辑体系，并依据学科知识体系和研究问题对学科进行较为精细的研究方向、研究领域等划分，形成了现代学科的基本逻辑和架构。在知识生产模式 I 中所形成的知识也具有了较为严谨的学科内部逻辑，也更加符合所属学科对知识表达的传统规范与标准。

---

① 黄瑶，马永红，王铭．知识生产模式Ⅲ促进超学科快速发展的特征研究［J］．清华大学教育研究，2016（6）．

　　知识生产模式Ⅱ的生产方式打破了大学学者、研究机构科研人员对知识生产的垄断，转变为科研人员和企业一线人员合作进行研发和知识创造。这种生产方式开始打破知识生产模式Ⅰ中推崇的服务基础学科的基础理论研究模式，人类社会的知识生产不再局限在学术的"象牙塔"，开始走向实际生产生活实践，开辟了学科知识生产的应用性和实用性方向。在知识生产模式Ⅱ的生产形式中，校企合作进行的知识生产是围绕实践问题对模式Ⅰ中的学术编码知识进行一次再激活和再创新。校企合作所组成的知识生产主体，可以让基础理论和现实问题进行更好地融合，在实践问题的大背景中激活知识生产模式Ⅰ的缄默学术知识，使其更好地在社会中流通和推广，丰富和凝聚人们对原有学科知识体系的理解和共识，从而进一步强化不同类型的知识的创新创造。

　　知识生产模式Ⅲ所生产的知识是知识生产模式Ⅰ和知识生产模式Ⅱ两种知识类型的高度复合与再创造。从知识生产的具体方式分析，知识生产模式Ⅲ主要是针对知识生产模式Ⅱ中知识存储、传输、表述等方式上的输出问题①。因此，知识生产模式Ⅲ特别注意如何突破现有过于强调理论抑或实践的单级倾向，希望通过提高知识生产者和使用者的跨学科知识背景，从而提升当前知识在不同行业、不同学科之间进行流动的可能性，借助破除学科之

---

① M. Gibbons, C. Limoges, H. Nowotny, et al. The New Production of Knowledge: The Dynamics of Science and Research in Contemporary Societies [M]. London: SAGE Publication, 1994: 1.

间不必要的壁垒来重组知识，达到知识增量扩张的目的。

知识生产模式Ⅲ把前两种知识生产模式所产出的不同形式的知识载体进行全新的联系与创造，围绕更为复杂的社会综合问题来进行知识运用。由于知识生产模式Ⅲ采用复合知识群组这种知识生产方式进行具体的知识产出，就使得原本单独的知识点可以进行更加充分的关联和重组，建构成一个更加纷繁复杂的多层次知识网络系统。这种知识网络同时也具有高度的开放性和聚合性，允许不同领域、不同层次和能力的社会公民从自身出发，提出一个具有自洽性的问题解决方案。配合互联网和融媒体技术的飞速发展，这也为全民参与的知识生产提供了技术可能。

知识生产模式Ⅲ是围绕关联性极强的复杂问题而生成具有跨学科、非线性结构的复合知识群组，这种以知识群组进行知识生产的方式本身就降低了旧式知识点、线性知识具有的相同内在逻辑或学科划分的限制。以解决问题为出发点的复杂知识群组，可以更好地解决现实生产生活中的新问题。这与知识生产模式Ⅰ和知识生产模式Ⅱ的知识有着本质不同：知识生产模式Ⅰ的知识更加强调知识点对于学科知识体系建构、学科基本理论的具体意义和价值，知识多是以点状、线性形式存在的，很难直接用来解决实际问题。知识生产模式Ⅱ虽然赋予了知识应用价值，但是这种应用依然是在知识生产模式Ⅰ所生产的学科知识基础之上，此模式中的问题解决，也是学术知识的一种延伸，知识的使用依然局限于知识生产模式Ⅰ的学科界限和学科知识结构，对于实际问题的解决效果大多情况下不如知识生产模式Ⅲ。

总之，知识生产模式Ⅲ是在公民社会不断参与知识生产实践的背景下产生，具有极强的知识公益属性。该知识生产模式中的知识产出更多的是为了解决关涉人类命运共同体的重大社会公益问题，这些问题不单是局限在某个学科的基础理论或者是某个行业的经济技术问题，更多的是需要从保障公众权利、维护人类可持续发展等角度着手的重大课题。这些问题就迫使知识生产者必须扩大参与者，必须突破大学、研究所、企业实验等科研场所的局限，以更加宏大和真实的生活情境为知识生产的立足点和切入点，不断拓宽知识生产的参与途径，改善知识生产的生态环境，确保知识生产的初心和目的的回归，并维护社会大多数群体的最大权益。

三、知识生产模式转型对学科发展的影响

通过上述研究我们可以知道，知识生产模式与学科建设发展是"一枚硬币的两面"，具有很强的相关性。知识生产模式的变化也会影响学科知识的生产和学科知识体系的建构，进而对学科建设产生作用。知识生产模式与学科建设之间的共振调整不是一蹴而就、一劳永逸的，必须在了解人类知识生产的基本模式的前提下，协同人类发展的需求和科学发展进步的客观要求。因此，在知识生产模式转型升级的大背景下，我们有必要深刻认识人类

社会知识生产方式、参与主体、指导价值、知识内容等因素的改变对青年学学科建设的影响和意义，从而提出更加切合当前知识生产模式的青年学学科建设策略。

（一）学科建设由封闭单一走向开放多元

从知识生产模式Ⅰ到知识生产模式Ⅱ的转型升级，其中很重要的变化就是学科组织和学科知识体系进行了从封闭单一向开放多元的转变。知识生产者之间的地位、领域等方面的偏见被进一步打破，知识内容之间的学科体系边界被不断地模糊化，跨学科、超学科成为知识生产模式Ⅲ所提倡的学科知识发展方向。在学科本位与多学科开放合作之间寻求一个高效、合理的平衡点，成为包括青年学在内的所有学科必须面临的重要挑战。

在传统的知识生产模式Ⅰ中，学者对自身所属学科的学科知识积累和知识体系的构建是学科发展的最高目标，学科建设也是按照最基本的理论逻辑进行规划的，知识的精细化、专门化成为该知识生产模式的最显著特征。这种知识生产所遵循和提倡的知识观念历史悠久，是最为传统的知识观念，它的主要动力源自学者的学术志趣和学术共同体的共同追求，学科知识和研究活动能否取得实际的经济和社会效益并不是学者从事知识生产的初衷。

因此，知识生产模式Ⅰ带来了学科建设的两个"封闭单一"的特点。一方面，是封闭单一的学科建设群体。学科知识的主要生产者是大学或早期私人研究机构中的"个体学者"，他们没有形成一个强大的科研团队，更加习惯于独立的"作坊式生产"。学科学术共同体也没有经济、政治的联系，反而更加突出学者之间对本学科知识体系和价值的同一性认可与共同的学术兴趣，这种学术组织与社会其他行业之间有着明显的界限，各个学科的学术团体之间也较少发生联系。另一方面，是封闭单一的学科知识体系。由于知识生产模式Ⅰ存在单一封闭的学科建设群体，这就进一步形成了学科建制、学科框架等学科知识制度层面的封闭性。学科制度层面的封闭就直接导致了不同学科和研究领域之间不能进行学术资源的共享，更加阻碍了学科知识体系的融合发展。各学科不断分化建立自己的学术框架，圈定自己的研究领域，并最终形成了今天学科之间相互独立、各成体系的单独学科。由于知识分化和人类社会实践的飞速发展，封闭型学科知识不仅进行了分支交叉融合，更围绕着社会实际问题进行交叉融合创新，各学科之间的相互开放和互相融合也成了学科建设的新趋势。

人类社会的发展历史也不断表明，社会需求带来的不同学科之间跨学科交流是推动科技和知识发展的重要动力，近代很多新理论和新技术的产生多源自异质性学科融合，而非同质性的学术共同体的交流。① 伴随着提高技术应用价值的社会呼吁，以解答问题为导向的社会实践研究成为学科建设的主要需求，理论与应用的交织也促成了不同学科进行融合发展的时代趋势。学术界对

---

① 王媛媛. 封闭与开放：走向学科研究与跨学科研究的统一［J］. 高等教育研究，2010（5）.

不同学科打破各自封闭的学科边界障碍，异质学科之间进行更加深入和宽泛的跨学科融合形成了广泛共识。这也就成了知识生产模式Ⅱ和知识生产模式Ⅲ重视跨学科、超学科发展的思想基础。由于传统学科的学科界限被打破，围绕重大社会和理论问题展开的研究也客观带来了不同学科知识体系之间进行互补和借鉴，以多学科知识为基础的学科融合、超学科、跨学科正不断挑战传统封闭学科的历史地位。

　　人类的知识生产模式从传统封闭向现代开放的转变就要求学科发展的路径和思路要从单一的学术话题体系转为多元开放的应用情境语言，将学科知识的求真和求用进行充分结合。在今后的学科建设中，要处理好社会需求和高校学科理论建设之间的关系。作为主要社会发展动力的大学，其学科建设既不能脱离社会需求，走向自我封闭的象牙塔，也不能不顾大学的知识追求和学术品格，一味地迎合或屈从社会的要求。正如美国高等教育学者弗莱克斯纳所说："大学不是风向标，不能什么流行就迎合什么。大学应不断满足社会的需求，而不是它的欲望。"[①] 当代学科的建设，依然还是要立足学术品位和理论质量，抱有超越功利主义的学术追求。也只有建立了坚实的理论基础，学科知识的价值才能在高效解决社会问题、回应大众需求上得以体现。学科建设如果没有高远的学术理论追求，也很难谈得上有实际有效的短期效用。因此，任何一门社会科学的学科建设，都必须在短期实用价值和长期理

---

① 姜国钧.《现代大学论》镜诠［J］.大学教育科学，2010（3）.

论价值之间寻求一个恰当的平衡点，这一点对于身处知识生产模式Ⅲ之中的青年学更为重要。

此外，由于知识生产模式Ⅲ还突出强调跨学科等的发展，这也即提出了单学科与多学科关系处理的矛盾。多学科发展必须以单学科所积累的学科知识体系为基础，迄今为止，单一学科依然是人类知识存储最为有效的方式，离开了现有的单一学科而去谈多学科、跨学科甚至超学科建设等，无异于缘木求鱼，做无米之炊。因此，学科建设既要走向多元开放、多学科协同建设的道路，又不可以抛弃之前的单一学科建制，完全无视各学科之间存在的现实界限。因此，处理好学科建设中封闭单一和开放多元之间的矛盾关系，是在知识生产模式Ⅲ中进行学科建设的必答题。

（二）学科建设由学术取向转为社会公益

学科的发展方向、学科的价值追求在绝大部分时候决定了学科未来将要走向何处，成为什么样的学科。在最为传统的知识生产模式Ⅰ中，学科的建设方向被牢牢地控制在大学教授和研究机构的研究者手中，知识生产的质量也严格采用学院派的标准。学科知识生产的动力是学者闲逸时的兴趣追求，学者自我隔离地将自身的学术使命表达为"为知识而知识"的自身学术发展，此时的学术最高价值和学科发展的最终目标被限定为学科知识、学科建制的发展完善。在知识生产模式Ⅰ中的学科建设，松散的学术共同体更加愿意在学科理念的旗帜下聚集，知识生产工作的目的也仅被定位在为本学科修建学科知识大厦，以及实现学术团体的学术理想和学术组织自身的学术利益，成为凝聚学科建设共识的坚实基础。概括言之，高校的学科建设实践在很大程度上是由学科学术共同体来决定的，学科学术共同体垄断着该学科学术质量评价的权力，并将学术共同体的学术权力具体化为"同行评议"，借助同行评议的权力行使来进一步掌握知识生产的合法性。因此，也只有被学术界同行集体认可的纯粹知识才能被纳入该学科的知识体系，才有机会成为学科建设工作的具体内容，才有可能被编入大学课程，在大学课堂中进行专门讲授和传播，成为被本学科同行共同接受和认可的学科基础知识。

然而，随着知识生产模式Ⅱ和知识生产模式Ⅲ的出现，人类社会的知识生产方式发生了质的变化。参与知识生产实践中的主体日益多样，大学也逐渐丧失了其在知识生产过程中的绝对权威和生产垄断地位。在知识生产模式Ⅱ中，大学作为唯一的知识生产主体结构被"大学—政府—企业"扩展为三螺旋知识生产结构。在这一历史知识生产结构中，政府出于国家统治的需要，不仅将中世纪大学的学科进行了彻底改造，同时，也将大学学科的知识生产和人才培养最先服务于国家需要，成了最先分享大学知识生产特权的主体。资本主义生产方式的快速发展使人类社会经济结构发生了天翻地覆的大变革，企业作为一种强大的社会经济组织开始强势出现在人类社会的发展历程中。企业通过对社会物质财富的掌控，顺利地参与大学知识生产过程中，并在其中发挥越来越重要的影响力。现今的知识生产模式Ⅲ则引入公民社会这一生产主体，将人类知识的生产主体结构变为"大学—政府—企业—公民社会"。公民社会在知识生产中主要作用是制衡大学、政府、企业因强调各自利益或寻求共同利益而产生新的知识垄断，避免"小集团"的知识利益剥夺了人类共同体的集体知识利益。这从本质上要求学科建设必须要服务人类社会所面临的重大现实问题，"学术价值""经济价值"或"政治价值"不是评价学科建设水平和质量的唯一标准，而是否实现和维护大众利益的社会公益责任则越来越成为学科建设发展的重要指标。

学者斯科特（Scot）梳理了大学学科建设的历史后得出结论，现在人类的知识生产模式发生了一个根本性变革，以学者纯粹学术兴趣为驱动力的知识生产模式在今天已经不复存在，从传统基础学科研究向学术理论基础上的应用研究转型，才是现在世界各大学学科建设的主要方向。① 这也就意味着，在知识生产模式Ⅲ中，学科建设的合法性基础和学科知识体系的建设标准不再依靠单一的"学科内部的学术标准"，政府、企业和公民社会所提出的合理要求并由此而衍生出的社会责任也成为学科建设和学科知识生产的外部依据和公益标准。因此，学科建设的目标也不仅是学术共同体的知识生产，还要将不同相关利益参与者的知识需求

---

① P. Scot. Changing players in a knowledge society［A］//G. Breton, M. Lambert. Universities and Globalization: Private Linkages, Public Trust［C］. UNESCO Publishing, 2003.

纳入其中，考虑学科建设和学科知识体系的社会、经济等方面的效益，符合社会公益最大化的要求。①

所以，学科建设、学科知识生产要实现学术共同体要求与社会公益责任的高效、合理统一。具体到学科建设的实践层面就是，鼓励高校在进行学科建设时尽可能地搭建一个适合政府、企业和社会进行协同创新的科学建设平台，从而打破原有的僵化、封闭的单一学科建设方式。在合作机制中，学科知识生产的各方参与者都能够进行平等的沟通协商，充分表达自己的知识需求，让知识生产活动实践兼顾学术性与实用性的同时，可以最大限度地履行高校学科建设的社会公益责任。

（三）学科建设由理论价值转为应用价值

学科建设的理论价值和应用价值不同于我们之前所提的学术价值取向转为社会公益。学术取向或社会公益主要是在论证研究活动本身所发生的价值取向变化，学术科研活动从学者共同体的单一知识追求开始向社会群体利益的价值需求转变，科研活动不再是学者自娱自乐的爱好，而是具有了承担实现人类社会可持续发展和最大利益的价值。然而，本部分所讨论的理论价值和应用价值主要是针对科研活动的产出来讲，而不是科研活动自身。换言之，理论价值和应用价值主要是在讨论学科知识的学术性和应

---

① 杜燕锋，于小艳. 大学知识生产模式转型与人才培养模式变革［J］. 高教探索，2019（8）.

用性，不论科研活动的出发点是为了学术还是为了公众利益。

　　由于知识生产模式Ⅰ一直推崇的是按照学术逻辑进行学科建设，学者自身的学术兴趣在很大程度上决定了知识产出与社会实际需求有着较大的距离，学科知识本身也因此更具"理性价值"。甚至可以这样理解，在知识生产模式Ⅰ中的学科知识一直是追求卓越的纯粹学术价值，越是出于本学科的理论需要的研究成果和理论贡献就越容易得到学术界同行的认可。在这种背景下，学科建设就是立足单一学科的建设，追求学科知识的纯粹理论价值。这种情况随着知识生产模式Ⅱ和知识生产模式Ⅲ的快速崛起而发生改变。由于政府、企业和公民社会等利益相关者深度地参与知识生产活动中，单纯的理论知识越来越难以适应今日大学在社会体系分工中的作用，促使纯理论知识与社会需求之间的距离越来越近，理论和应用问题的边界也日渐模糊不清。大学在该过程中与社会各界形成了亲密正向的互动关系，学术科研活动也越加强调其实践价值和社会意义。学科建设作为知识生产的重要方面，也更加突出强调学科知识在应用场景和实际问题环境中的作用。需要特别指出的是，这里的"应用性情境"不是说简单地将理论知识应用到问题中，而是强调一个知识应用效果的达成度和满意度，也就是学科知识不再仅依靠同行评议进行使用效果评价，而是要通过知识生产的所有相关方进行不断沟通、协商、谈判，直至参与的各方利益都被满足①，这种意义上的"应用性情境"就是一个对知识使用进行各方博弈和协商的过程。

在理论上，虽然政府、公民社会都与学科知识生产有着密切联系，但在学科建设的实际过程中，对学科知识表现出浓厚兴趣，经常进行深度互动合作的依然是企业。所以，学科知识与企业行业之间的密切联系和频繁的深度互动，对当前学科建设产生着重大影响。当然，这与学科自身知识的应用领域有很大关系，例如，青年学更多是源自共青团工作的实际需要，兼具社会学、政治学等诸多社会科学领域的内容。因此，青年学的应用领域更多的是青年工作，其与党和政府之间的知识互动就较为密切，学科知识和学科建设也必然要考虑到党和政府工作的实际需求。学科建设的理论价值逐渐向应用价值转变，学术知识也按照经济活动的交易原则，通过参与社会活动来进行相应的经济、政治等方面利益交换。这些活动赋予了学术知识和学术生产诸多的价值属性。②知识经济时代，学科知识的应用价值成为一个国家科技强国的重要基础，学科建设的应用方向也成了政府进行国家战略发展规划的重要方面。"在知识经济条件下，衡量大学学术知识重要程度的标准越来越依赖于它在市场上的应用程度，进而演变成为制约

---

① 迈克尔·吉本斯，等. 知识生产的新模式——当代社会科学与研究的动力性［M］. 陈洪捷，沈文钦，等译. 北京：北京大学出版社，2011：3-6.
② 王朋. 从教育到研究：荷兰应用科学大学的职能拓展［J］. 外国教育研究，2018（1）.

大学科学研究方向的生存法则。"① 2015 年，我国在新时代的
"双一流"建设工程中就突出了学科建设和学科知识生产的应用
价值。在双一流的标志性文件《统筹推进世界一流大学和一流学
科建设总体方案》中，我国政府就明确规定要"以中国特色、世
界一流为统领，以支持创新驱动发展战略、服务经济社会为导
向"。这就意味着，突出学科建设的实践性和应用价值，充分发
挥和突出学科知识在服务国家重大战略布局，满足人民群众日益
增长的生活需要，改变学科建设过分追求脱离实际的纯理论体系
构建，已经成为今后我国高校学科建设的发展方向和基本要求。

当然，正如上文所讲，虽然应用性研究成为高校和科研机构
学科建设的重要发展方向和基本要求，但是这并不代表着我们的
学科建设只是一味地追求和迎合政府、企业和社会的各种要求。
特别是在我国基础知识理论研究较为薄弱的今天，不合理或者过
度地强调学科建设的知识应用性，必然会导致学术研究和学科建
设浮躁媚俗、极端功利、过分追求短期利益等问题。人类知识发
展历史表明，知识生产模式之间不是替代或消失的关系，而是包
含与共存的关系，并不是说知识生产模式Ⅲ的出现就必然导致知
识生产模式Ⅱ、知识生产模式Ⅰ的消亡，只能存在一种知识生产
模式。相反，各种知识生产模式在任何一个历史阶段都会存在，
只是它们之间会存在主次之分、包含与被包含之别，知识生产模
式Ⅲ中也包含了知识生产模式Ⅱ、知识生产模式Ⅰ的各种因素和

---

① 张学文. 大学理性研究［M］. 北京：北京师范大学出版社，2013：64.

要求。所以，无论知识生产模式如何变化，都不能在理论或应用价值之间选择一端（只要学术理论性或者只追求所谓的应用价值）。相对应地，在目前情况下，我国的学科建设在成果转化上存在严重不足，大部分研究成果还仅停留在科研论文或课题项目上，因此，要提倡研究的实践导向和应用价值。但是，从长远看，我国的学科建设还是要坚持在追求高水平基础理论和纯学术研究的基础上突出学科知识的应用价值和实践意义。这也为我们的青年学学科建设指明了新方向：兼顾理论性与应用性，一方面，青年学学科建设要仰望星空，坚持自身学科的理论体系建设，以求真的学术态度探究青年群体、青年工作的客观规律；另一方面，青年学学科建设要脚踏实地，主动把握时代需求的脉搏，服务国家重大战略措施，依托科学、系统的青年学学科理论来实践青年学学科的应用价值。

四、知识生产模式转型背景下我国青年学学科的建设路径

具有厚重历史的传统学科基本上都是在知识生产模式Ⅰ中进行学科知识生产和学科建设的。然而，知识生产模式的不断升级和更新，也会对所有学科的知识生产和学科建设产生深远的影响。无论是传统学科抑或新兴学科，都必须适应知识生产模式Ⅱ和知识生产模式Ⅲ带来的社会环境、知识生产参与者、具体生产方式等与学科建设密切相关因素的变化。作为新兴学科的青年学，其

学科积累和学科的主要建设过程基本都处在知识生产模式Ⅱ和知识生产模式Ⅲ的阶段。因此，青年学的学科建设要充分抓住知识生产模式Ⅲ和知识生产模式Ⅱ的本质，结合新知识生产模式的特征，适应当前知识生产模式发展的新动向。从定位学科发展需求，提高学科建设组织能力，突出学科文化建设等方面进行新的谋划。

（一）重新定位学科发展的需求与动力

1. 内在需求：以跨学科合作推进青年学学科建设

学科发展的最终动力源自学科自身发展的内部需要，学科各自不同定位的内在需求会形成不同的学科建设方向。在知识生产模式Ⅲ和知识生产模式Ⅱ的环境中，学科建设的内部动力及需求更加倾向于通过跨学科的学术资源整合来推动学科发展，提升本学科的竞争力。从学科知识生产的内在机制分析，传统单一学科的知识增长主要是通过知识不断的积累和范式突破来实现的，其表现方式也多为简单的直线式增长或者是对前人研究成果的扬弃式发展。多学科形式下的学科知识发展则与之不同。由于学科知识本身存在着巨大的质性差异，学科知识之间的交流必须借助相关或相近知识点进行连接，然后构建成所谓的知识网络，以网络形式实现不同学科之间的知识流动。① 围绕学科交叉的知识点，不同学科的知识可以从不同视角、层面、领域进行切入，构建起

----

① 杰勒德·德兰迪. 知识社会中的大学［M］. 黄建如，译. 北京：北京大学出版社，2010：127.

一个立体交叉的融合性学科知识体系和框架，为下一步进行多学科立体交叉的学科建设模式奠定基础。例如，20 世纪中期，美国顶尖的工科学府 MIT 和斯坦福大学都较早地采用了理工科跨学科建设的计划。两所美国大学借助"二战"时期美军实战问题，将化学、电子信息工程、物理三项技术进行了融合，形成了最早期的跨学科建设的雏形。今天的麻省理工学院在跨学科建设的道路上越走越远，形成了以 NBIC（Nano Bio Info Cogno）为代表的"集合技术"（converging technologies，CTS）。这种跨学科发展的模式，通过复杂课题项目和已有的学科交流平台，成功地实现了基础理论学科与实际应用学科的多学科、跨学科发展。

这些经验和做法为我们进行青年学学科建设提供了可供参考的方向和经验介绍。在建设青年学学科的过程中，我们一定要充分利用现有青年学学科建设和青年研究的成果，围绕着青年群体研究的主要内容和基本理论，从学科理论体系构建的角度对不同学科的相关理论进行再梳理、再研究和再建构。如前所述，青年学学科在很大程度上本身就可以被理解为一门跨学科、多学科的新兴学科，从青年学所研究的对象分析，青年学学科建设要充分吸取和利用教育学、心理学、社会学等与当代青年发展密切相关的社会科学的理论。这种建构不是进行简单的"理论拼盘"，而是必须从青年学学科自身的学科理论体系建设的角度，对关于青年发展的某一理论进行深刻的理论融合，从单独的理论点出发，进而搭建立体的理论网络，最终实现青年学学科建设层次和水平的提升。

2. 外在动力：以国家战略需求推进青年学学科建设

在知识模式从传统向现代转型的过程中，人类知识的生产中心也从大学向其他方向分散，越来越多的社会组织和个人参与知识生产的环节中，知识生产也因此超越了以往单纯的学术科研价值，具有了事关公众切身利益的公益属性。学科建设也因此越加突出其应用导向、社会作用和历史担当的建设方向。在当代，世界上很多国家都意识到了科技对于综合国力提升的作用，也开始从国家发展的战略高度对高校科学建设提出发展目标，提供资金、政策等方面的支持。政府在大学学科建设中所起到的推动作用日益凸显，也成为推进学科发展的重要外在动力。改革开放初期，我国启动的"国家高技术研究发展计划"（简称"863计划"）就是科学家的战略眼光与政治家的高瞻远瞩相结合的产物，凝结了我国发展高科技的战略需求，和以国家战略需求推动科技和大学学科建设的经典案例。立足国家战略发展急需的航空航天、军工制造、新材料等领域，利用国家重点大学和高水平实验室进行对点合组研发，通过国家层面的资金和政策帮助。国家重大战略的实施最终是需要借助物理学、材料学、化学等基础学科的研究和学科发展作为支持，这样客观上推动了"863计划"的合作高校和研究所中相关学科的快速发展，有些学科接近甚至达到了国际同行业的顶尖水平。

因此，青年学学科建设的发展还是要从我国青年工作的大局出发，充分照顾和考虑到党和国家对青年工作的实际需求，致力实现我国青年工作的战略目标，在服务国家重大战略计划中实现青年学科的快速发展。从我国青年学学科发展的历史分析，我国青年学学科的发展紧跟党的青年工作需求，紧跟共青团具体工作，可以说，党对青年工作的领导，共青团工作对青年群体、青年问题等现实工作的理论需求，是我国的青年学学科建设起步的直接推动力。所以，我国的青年学学科建设要为党的青年工作提供坚实的理论基础，重点则是要围绕党的青年思想工作、国家中长期青年发展规划纲要所提出的重点领域、共青团工作、青年发展规律、我国青年发展的主要问题等国家青年工作战略布局和学科理论的前沿动态来谋划学科建设，开展科学研究工作。在国家需求的基础上来强化和突出青年学学科自身的理论建设，通过学科理论的提升来促进党的青年事业的持续健康发展，在服务国家重大战略任务的过程中实现青年学学科建设的理论和应用的双向良性互动。

3. 多元视角：充分发挥青年人在青年学学科建设中的作用

学科建设工作包含两个方面的基本内容：一是专业人才培养；二是学科知识生产。从学科建设的实践过程看，两方面之间是相互联系共同促进的，高校通过学科知识体系的生产可以提高专业课程的水平，高水平的教学课程又是高质量专业人才培养的基本保障。同时，"一门学科需要持续不断地补充研究人员以提供新知识，需要不断补充训练有素的教师队伍来引导下一代学生，需要学生源源不断地加入"①。高水平的学科专业人才又可以充实学科建设的人才队伍，充实学科发展的人力资源。在知识生产模式Ⅲ中，以青年学生为代表的青年群体参与青年学学科建设的实践中，更加有利于实现青年学学科发展的"青年在场"②，体现青年人研究青年的学科特点。

在知识生产模式Ⅲ中，公民社会首次以知识生产者/利益相关者的身份加入人类知识生产的全过程，成为知识生产的"第四螺旋"。从公民社会在知识生产模式中的具体作用来讲，公民社会在知识生产中主要起到两个作用：一是普通民众通过日常生活中对知识文化的创新，提出新的问题，能够丰富和推动现有知识体系的发展，直接完成知识的具体生产工作；二是通过新媒体和掌握更多的话语权，公众能够影响社会的知识的规划，影响知识生产的优先级和战略地位的设定，发挥影响知识生产环节的作用。普通民众从传统知识的被研究者，转变成知识的生产者和创造者，这无疑是知识生产模式的巨大转变。

有鉴于此，青年学学科要采用多元主体的建设视角，充分发挥青年人在青年学学科建设中的作用。首先，青年学学科建设要以青年的现状、所面临的问题和发展规律为研究对象，立足为青年解决问题，服务青年发展，解决好、平衡好青年学学科建设中

---

① 周光礼. 什么是世界一流学科 [J]. 中国高教研究，2016（1）.
② 胡献忠，陈卫东，刘宏森，等. 新时代青年学科建构与"青年在场"[J]. 中国青年研究，274（12）.

政治性、学术性和社会性之间的关系，不能因为强调国家战略需要和科研学术标准而忽视其需要。青年学学科知识必须服务青年发展的基本规律，否则，青年学的学科建设就有脱离青年的危险，失去发展的群众基础。其次，重视青年人在学科知识生产中的参与度。从知识生产模式Ⅲ的视角看，青年人不仅是青年学的研究对象，更是青年学学科知识的生产者，通过邀请"青年在场"，我们可以鼓励青年人去研究青年人自己，从而让青年学的知识可以更好地描绘青年人的形象，解决青年问题，总结青年成长成才的规律。例如，由中国社科院青少年研究室和腾讯社会研究中心共同发起的"P95"研究平台，就是鼓励青年人研究青年人，期待更多青年学者以丰富多元的视角加入青少年研究当中，实现青年学知识创新的学科知识生产尝试。鼓励青年人参与青年学学科建设实践，可以倡导新的研究方式，鼓励多学科、多研究方法融合，以及体验式的研究。① 再次，知识生产过程中参与者的增加也意味着学科评价的角度和标准需要更加多元，听取更多人的声音和意见。知识生产模式Ⅰ所倡导的同行评议需要进行改变，政府、企业、公众的意见需要加入学科的评价指标中。青年学的学科建设成就和发展方向不能仅由专家和学者说了算，正如法国政治家克雷孟梭所言："正因为战争是如此重要，才不能把它交给将军们去处理。"青年学学科建设方案、研究成果等的评价，不

---

① 腾云. 青年人，研究青年人：P95 平台调研项目合作征集方案［EB/OL］. 搜狐网，2018－06－06.

仅要涉及学术价值，还要包括科研活动的经济价值、社会价值，应该充分听取党和共青团组织的意见。最后，青年学学科建设要重视本科人才的培养。没有本科青年学人才的培养，青年学就不能在我国学位管理制度中获得足够的认可，更难通过人才培养来体现学科的社会价值。学科的根本是学生，关注学生的学习，服务学生的学习，引领学生的全面成长，是办好一流学科教育的灵魂。[①] 总而言之，高质量的青年学学科专业人才培养是促进我国青年学学科发展的重要目标和基础。

（二）重新调整学科发展的结构与形式

青年学在知识生产模式Ⅲ的背景下开展学科建设，需要从最根本的学科发展路径上谋划，变革传统学科建设思路，把传统学科所采用的模式按照相关要素进行的单一学科独立发展策略，改变为现代多学科创新驱动式发展。四螺旋知识生产模式所要求的多学科创新驱动发展，其关键在于对学科发展制度进行创新，现有的学科组织结构也要进行相应的调整，以适应大学、政府、企业和公民社会从各自不同的立场参与学科建设，从而实现学科的共同建设。

1. 改革学科制度建设，以治理思维重塑组织关系

知识生产模式Ⅲ对现代知识生产活动所产生的一个典型影响就是突出和强化了多主体参与的知识生产模式，让知识生产从传

---

① 瞿振元. 一流本科教育要聚焦学生和学习［N］. 光明日报，2016 - 06 - 28.

统的学术垄断走向民主治理，增加了学术研究的民主治理特征。知识生产方式的这种变化也直接导致学科组织融入了政府、企业、公民社会等诸多异质性组织，也迫使今天的学科管理方式发生了相应的改变。学科建设的管理也需要突出多元主体的特征，适应异质性组织之间的现代化治理要求。在我国学科发展的现实中，政府的直接参与一直是影响高校学科发展的重要外部力量。甚至可以说，在某种程度上，政府的直接参与是学科发展的外部决定因素，学科的建设发展必须充分重视政府的参与。知识生产模式Ⅲ虽然从理论上构建了一个多元主体参与的知识生产画卷，但是，这种合作并非一蹴而就、简单易行的，在实际中有着各种矛盾需要调和与解决。在我国的学科建设实践中，就必须处理好政府参与与学科建设的矛盾。众所周知，政府的运行逻辑和大学、研究所这类科研学术机构的运行逻辑有着本质的区别，这两类异质性组织同时参与学术活动时就会出现明显冲突。政府工作的运行逻辑是典型的自上而下的科层逻辑，强调监督和服从；大学和研究机构中的学科建设则是平等、松散的自治模式，突出平等、民主等弱治理思路。这就导致了政府参与学科建设时的外部治理困境，即如何通过一种有效的制度设计，把政府行政运行时依赖的自上而下的服从与学术组织固有的自下而上的逻辑进行调和，才能使其平衡到一个良好的状态。①

在以往的学科建设过程中，政府主要是通过专项资金、人才

---

① 钟伟军. 一流学科建设中的政府职能转型［J］. 中国高教研究，2016（5）.

政策等行政管理手段管理和参与高校的学科建设工作，形成了较为固定的"单要素"管理和投入模式。这种简单的行政管理方式在学科建设初期可以有效解决学科建设的资金不足、基础设施不全等硬件问题，可越是到学科建设的深入阶段，这种行政管理的不足之处也越加明显。由于行政管理的指标和形式过于琐碎，很容易造成学科建设的"碎片化""形式化"，也容易使得各单位的学科建设趋同，特色缺失，顶尖成果缺乏。结合上述情况，我们在进行青年学学科建设时，要处理好政府、企业、公民社会等主体参与知识生产的作用方式和合作治理模式。在我国近期发布的《统筹推进世界一流大学和一流学科建设总体方案》政策文件中，也十分明确地提到了有关学科建设的具体意见，特别提出要"着力破除体制机制障碍，加快构建充满活力、富有效率、更加开放、有利于学校科学发展的体制机制"。这其实就是从共同治理的视角提出了重新改革和建构一个更加利于提升政府等机构参与学科建设效果的体制机制，本质上就是要规范和创新政府以简单行政思维从事复杂的学科建设的问题。很显然，在国家整体转入现代化治理体系的过程中，协同治理、共享共治的"共同治理"思路会成为今后我国学科建设的主导思想和重要战略。

从青年学学科建设的实际看，这种以平等、协商、互利为基础的"共同治理"对于改革学科制度建设，重塑学科建设不同主体间的组织关系有着重要的意义和价值，可以最大限度上统筹不同利益相关者之间的需求冲突。一方面，这有利于最大限度地满足政府、企业、社会等非学术组织对知识生产和学科建设的需要，给青年学学科建设提供充足的动力和资源保障，体现青年学学科的社会价值。另一方面，异质性组织的参与，可以弥补学术组织先天的"保守性"，避免青年学学科建设因过分专注学术理论问题而远离社会现实，陷入"闭门造车""脱离实际"的困境，从而最大限度激活学科建设的创新基因，让青年学在学术理论高度和实践应用价值上保持适当平衡，实现青年学学科建设在正常的轨道上健康发展。要实现青年学学科建设的协同共治，关键是政府等机构要转变工作思路的定位，重新捋顺大学和政府、共青团等机构之间的关系。政府等国家机构要勇于改革旧的工作方式，转变不合时宜的工作思路，提高政府在学科建设中的资源统筹配置能力。围绕青年学学科的发展定位和中长期目标，协调学科外部和内部的各方面资源，以治理思维重塑各方在知识生产中的组织关系。

2. 整合现有成熟学科，形成多学科协同发展的学科结构

如前所述，知识生产模式的转型是伴随着人类社会发展而进行的必要转变，知识生产的不同模式之间不存在彼此否定的关系，反而是一种逐步递进和包容的关系。知识生产模式Ⅲ和知识生产模式Ⅱ的本质可以理解为，知识生产模式Ⅰ在不同社会情境中的再创新和再发展。具体到学科建设方面，知识生产模式Ⅰ一直是按照"单学科"进行，各学科形成了明确的学科划分界限，彼此保持着清晰的学科边界，学科建设也是在各自的领域中进行，不

存在跨越学科的"超学科"建设。这种单一学科建设的方式特别强调学科的制度化，突出独立学科的成立一定要有一个独特的研究对象、独立的研究方法和理论①，这也是目前很多青年学学科建设者追求的学科建设目标。然而，这种单一学科的建设模式在今天的知识生产模式Ⅲ中很难实现，因为它无法解决单一学科封闭性、理论性和团体性的学科知识发展局限，也很难满足青年学这类新兴学科进行跨学科所要求的开放性、应用性和社会性的基本要求。因此，在知识生产模式进行巨大变革的时期，我国的青年学学科建设必须以跨学科建设的基本思路，整合现有成熟学科，形成多学科协同发展的学科结构。

知识生产模式Ⅲ本身所蕴含的学科结构变化，并不是意味着对旧有的单学科建设方式的彻底否定，而是在现有学科建设的基础和成果上进行适当的创新和改进，这必然是一种新旧模式相互借鉴的状态和结果。从当前学术界的相关研究成果看，解决多学科协同发展的学科结构困境的最佳方案依然是按照"研究单元"的形式开展学科建设，以顺应知识生产模式转变对学科建设带来的挑战。② 这种所谓的"研究单元"是指学科组织在制度层面进行的变革和升级，主要包括学科组织和学科内容两个方面。从组织制度上看，研究单元打破学科之间人为划定的学科组织边界，

---

① 李铁君. 大学学科建设与发展论纲［M］. 北京：中国社会科学出版社，2004：12－13.

② 托尼·比彻，保罗·特罗勒尔. 学术部落及其领地：知识探索与学科文化［M］. 唐跃勤，等译. 北京：北京大学出版社，2008：177.

研究人员可以依据问题导向进行跨学科领域的研究，横跨在诸多不同的学科组织之间，也可以较好地把政府、企业和社会等非学术主体整合在一起，形成一个具有软性边界的学科建设研究单元。从学科知识层面上看，研究单元也具有一定的跨学科的含义，虽然学界对"跨学科"的定义没有统一，但是也存在一定的共同之处，即跨学科主要指学科间互相借换、合作解决问题、保持独立分隔学科之间的沟通桥梁、发展不同学科之间运作的综合理论、在各分隔的学科之间共同交叠的范围开发新领域等一系列活动。①换言之，跨学科主要是围绕研究问题，在现有的单学科的学科体制内，通过调用不同学科的知识、研究方法进行科学研究和知识生产。在这一过程中，不同学科的知识体系边界和学科组织界限被拉近和模糊。跨学科的学科边界模糊不同于超学科的学科边界融合，跨学科与超学科之间存在本质的区别。超学科和跨学科的区别主要体现在两个方面。一是需要集中解决的问题不同。有学者认为，跨学科主要是集中解决学术导向和经济导向问题，依然是从高校、企业的角度提出问题；跨学科的问题则突破了学术和经济领域，具有更加宏大的社会和公众背景，以政府和公民社会的视角提出影响到全球和人类命运共同体发展的问题。二是解决问题时对学科知识的融合程度。跨学科对问题的解决基本是局限在现有学科的知识体系内，尽可能利用某学科已有的知识体系而不是为了一个问题而打破这个知识体系；超学科则在跨学科的基

① 金吾伦. 跨学科研究引论［M］. 北京：中央编译出版社，1997：30.

础上更进一步，围绕问题或者相关知识点，直接打破现有知识体系，实现知识群组的再创新，甚至会形成一个新的科学或领域。

总之，跨学科、超学科集中反映了当代社会人们对知识应用价值和知识创新的新需要。在新的知识生产模式下，青年学学科建设也应注意整合现有成熟学科，形成多学科协同发展的学科结构。青年学学科要快速成长为一个成熟的现代学科，必须放弃原有的单一学科建设的思路，更不能凭空创造出所谓的新理论或者新研究方法。最为可行和高效的途径就是借助现有的成熟单学科及学科知识体系，围绕青年群体、提炼青年问题，通过跨学科、超学科等新兴学科形式加快建设进度。在具体的学科建设中，不同学科内部的研究者要有遵循平等、民主、共享等学科治理的理念，不能存在学科偏见，甚至学科歧视及心存一家独大的失衡心态，从而最终建成能够超越现存学科界限，协同异质性学科组织的跨学科、超学科的青年学学科建设模式和可行路径。

（三）重新凝聚学科发展的共识与文化

文化是人和人类社会一种独特的存在方式，学科知识生产在本质上是一种文化活动，学科共识和学科组织内部的文化是任何一个学科学术共同体形成身份认同和学科凝聚力的重要载体。因此，青年学学科建设应重视学科的文化建设和学科共识的形成，这是推动青年学学科共同体建设的内驱力。

1. 明确学科地位，严格学科规范，形成青年学独立的学科价值意识

对于学科学术共同体成员而言，特别是学术共同体的入门新人，要熟悉一门学科并成为该学科学术共同体中的合格一员，不仅要掌握该学科的基本理论、研究方法等学科知识体系，更要熟悉和认同该学科的学术地位、社会价值、学术共同的价值理念等文化理念。有时候，这种文化理念的认同更容易让共同体成员立志于该学科的长久发展，从而保持学科发展的稳定性和持续性。如人类古老的医学专业，该学科有著名的希波克拉底誓言，不仅是每一名医学生的职业操守准则，更是医学专业学科精神的最高诠释和表达，很容易让每一个学习者和从业者形成为人类医学献身的学科信仰，提高学科的凝聚力。英国著名文化学者托尼·比彻曾在其著作中将学科视为部落，和人类早期的部落组织拥有自己的精神崇拜的图腾、活动领地、职业分工等相似，学术组织、学科共同体其实也有相对应的划分和功能。每个学科都是一个学术部落，都有自己的学科崇拜和学科文化，这在本质上形塑了学术共同体成员的学术生活方式和学科价值理念。① 学科精神和文化层面的理解认同与学科建设行为实践之间存在着极为密切的关系，学科文化和精神构成了学科发展的软实力，更是维持学科学术共同体学术行为和学术生活方式的内在动力。我们也可以说，

———————

① 托尼·比彻，保罗·特罗勒尔. 学术部落及其领地：知识探索与学科文化［M］. 唐跃勤，等译. 北京：北京大学出版社，2008：177.

一个学科的从业者（包括学生、研究人员等）只有熟悉并坚定认同了本学科所提倡的学术共同体理念、学术范式和文化价值，才能从根本上融入该学科，成为该学科学术共同体的一员。而学科文化、价值意识的形成基础是该学科拥有独特的社会地位和社会价值，具有让学术共同体成员可以遵守的明确的学术生活和研究规范，形成一个规范的学术共同体组织。

因此，青年学学科要加强自身的学科文化、价值意识。首先，利用党的青年研究机构、共青团的青年研究机构等学术组织强化现有的青年研究组织的社会地位；其次，通过高质量的学科知识生产服务社会发展，在社会实践中让学科的研究者、学生体会到青年学独特的社会价值和学术魅力，尽早地确立青年学的独立学科地位；最后，青年学虽然是一门超越传统学科范式规范的新兴学科，但是，新兴学科并不是不具备范式，不能拥有自己的学科规范，新兴学科的范式和规范是多元和开放的。因此，我们还是要提倡青年研究的学科知识规范、研究范式和学科规范，提升学科知识和学科组织的内聚性。

2. 突出学科文化的道德价值，涵养青年学的学科伦理

学科价值、学科制度等更多的是学科文化的制度层面和学术研究的精神，突出的是青年学学科的科学性。除此之外，青年学学科建设的文化内涵还有着另外一个方面，也就是学科制度文化的人文性，这种人文性的直接体现就是学科文化中的道德价值，通过特定的价值取向设定来规范学术共同体之间的人际关系。在

伦理学研究者眼中，道德和制度之间有着必然的联系，每一项制度的背后都内化了确定者的伦理道德意图。因此，制度可以理解为社会或者团体道德观念的具体表现和文化实体，"是结构化、程序化了的伦理精神"①。从此意义上出发，学科制度的文化在其本质上就是一种有着基本价值判断的道德规训，这不同于学科精神。学科精神倾向于处理和规范研究人员在研究活动开展时应该怀有和遵从的价值信仰，是规范"人—物""人—自然"之间的关系；学科文化或者说是学科道德，则是在描述学术研究活动时的"人—人""人—社会"的关系，它从价值层面对制度和人的行为做出判断，描述了制度文化的内在道德性。

所以说，学科文化道德价值的主要作用是借助含有价值判断的制度文化来约束、协调和规范学术共同体之间的行为，学科文化的良好道德性有助于将学科制度的外在约束转化为学术共同体的自我约束和道德律令。学科文化道德价值是对学科建设中参与者行为的一种具体要求，为学科文化的形成提供了内在的道德依据，更赋予了学科制度丰富的社会价值和人文关怀，是学科精神的另一种形式的表达。回归人类学科发展史，我们可以发现，突出学科文化的道德价值是学科制度建设和学科发展中一项极为重要的基础工作，可以为学科建设提供良好的生态环境。青年学学科的建设要突出学科文化的道德价值，涵养青年学的学科伦理，

---

① 杨清荣. 制度的伦理与伦理的制度——兼论我国当前道德建设的基本途径 [J]. 马克思主义与现实，2002（4）.

就需要充分考虑和结合知识生产模式Ⅲ的本质和新兴学科独具的跨学科、超学科具体特征来开展工作。一方面，通过良好的学科文化的道德价值建设，来调解不同利益主体之间所存在的固有冲突，不仅要求政府、企业、公民社会等非学术组织同高校、科研院所这样的学术机构之间建立良好的道德互信，更要让来自不同单一学科的跨学科研究者之间相互尊重，形成学术共同体成员之间的学术伦理，提升学科文化的潜在道德感召力。另一方面，涵养青年学的学科伦理，消除不同学术背景成员之间的个人学科专业歧视和矛盾冲突，将来自不同学科背景的青年学学科研究者进行更好的学科文化层面的融合，从而增进青年学学科的文化内聚力。

第五章　青年学的学科范式冲突与再学科化

　　我国的青年研究起步于 20 世纪 70 年代末 80 年代初期，与改革开放 40 年来我国青年事业的蓬勃发展遥相呼应。在我国青年研究 40 年的发展进程中，青年研究在学科社会建制上取得了一定的学术地位，在学术成果上也收获颇丰。青年学学科建设作为今后我国群团工作的一项重点任务，是我们党从群团事业发展的角度首次明确了群团工作的学科性质和学术价值。青年工作和青年研究作为群团工作的重要组成部分，加强青年学的学科建设也是推进和强化群团工作的必然要求。然而，在实际的研究工作中，由于青年工作、青年问题的普遍性和开放性，允许来自不同专业的研究者采用各自专业的理论和方法进行研究，从而也就使得很多研究者（包括一些专门从事青年研究的学者）都习惯把青年学视为一个广阔的研究领域，而不是一个建制规范严谨的独立学科。这就导致了青年学作为一个研究领域的实然状态和青年学学术团体自身所追求成为独立学科的应然状态之间存在较大的矛盾和冲突。而这一问题的本质是在追问，我们到底需要建设怎样的青年学，用什么标准去评价青年学，用怎样的价值观去构建青年学的学科知识体系等，这关涉我国青年学学科本身的建设、理论建构和专业人才培养，事关党的群团工作的科学性、专业性和有效性。因此，明确青年学的学科性质，积极建设符合学科建制要求的青年学，努力推进青年研究的再学科化，是我国青年研究队伍在未来一段时间的主要任务和工作重点。

一、经典学科判定标准导致的青年学学科建设矛盾

（一）范式与经典学科判定标准

"范式"（paradigm）一词是库恩在解释科学革命时提出的一个概念，他希望借助范式来解释常规学科的发展史，进而探究人类科学革命产生的动因与过程。库恩在书中对这个概念做了定义，虽然他在《科学革命的结构》一书中，赋予范式至少 22 种不同的用法①，但是库恩在该书中强调，范式最核心的含义是指某一学科共同体所普遍遵循的最基本知识共识、学术信仰与研究技术等规范的整体。范式"具有两个基本的特征"：一是"它们的成就空前地吸引一批坚定的拥护者，使他们脱离科学活动的其他竞

---

① 托马斯·库恩. 必要的张力 [M]. 范岱年，等译. 北京：北京大学出版社，2004：287.

争模式";二是"这些成就有足以无限制地为重新组成的一批实践者留下有待解决的种种问题"。① 这意味着,范式就具有"共识性",可以成为一个学科的"规定"和"典例",对该学科所有的研究者具有"规训"的作用,经由范式筛选过的学科知识体系也成为该学科新一代研究者学习的基本教材。正是不同范式本身具有的"不可通约性",造成了不同学科之间的界限,同时,在同一学科内部,一旦旧的研究范式难以解决新的问题,就会导致旧有的研究范式被质疑,从而发生研究范式的变革与创新,意味着科学研究开始向前发展,也就是库恩所言的"科学革命"的过程。库恩所提出的范式概念不仅对科技哲学产生了深远的影响,同时也被人文社会科学研究者所借鉴。人文社会科学界保留了范式本身所具有的"基本研究规范"和"共同的核心基础理论"含义,但同时也泛化了范式"不可通约性"的作用,据此提出范式既可以用来区分科学家共同体或干脆用来区分不同学科,也可以用来代表某一学科的不同发展阶段,还可用来代表同一时期、同一领域内的亚科学家共同体。②

随着大学学科建设和评价的发展,追求一种严谨、规范的学科体制和规范成为"科学主义时代"学科建设的宿命。在这一过程中,范式在科学中的规范和标准概念被学科评价界关注,并被

① 托克斯·库恩. 科学革命的结构 [M]. 金吾伦, 胡新和, 等译. 北京:北京大学出版社, 2012:122.
② 周晓虹. 社会学理论的基本范式及整合的可能性 [J]. 社会学研究, 2002 (5).

扩展为"学科范式"。学科范式"是存在于某一科学论域内关于研究对象的基本意向。它可以界定什么应该被研究，什么问题应该被提出，如何对问题进行质疑，以及在解释我们获得的答案时该遵循什么样的规则"①。由此，人们便逐渐开始采用学科范式的概念来厘定不同学科或同一学科不同流派的依据，甚至将其视为判断一门学科发展成熟与否的标志，成为传统意义上的"经典学科判定标准"，即一门学科只有符合了学科范式所提出的学科基本标准才能被认定为一门成熟而独立的学科。而经典学科判定标准强调，每一个传统意义上的成熟和独立的学科"都有自己确定的知识体系、方法体系、学术评价体系、典范的培养体系与工作体系"。"范式化知识体系可以分为三部分：不容怀疑的知识核心，若干如何应用核心知识于实际问题的典型范例以及一些确定的需要进一步研究的发展领域。不容怀疑的核心知识防止人们在基本问题上争论不已，从而把主要精力用于发展研究……经典范例教会人们怎样运用核心知识，同时规定了研究的对错、好坏的评价标准。核心知识与经典范例共同指出未来研究的方向。"②

（二）经典学科判定标准与青年学学科建设矛盾

改革开放40余年来，青年学的学科建设不断推进，在人才培

---

① 周晓虹. 社会学理论的基本范式及整合的可能性［J］. 社会学研究，2002（5）.
② 赵炬明. 学科、课程、学位：美国关于高等教育专业研究生培养的争论及其启示［J］. 高等教育研究，2002（4）.

养、理论创新、咨政建言等方面取得了一系列突出成就，为党的群团改革发展做出了重要贡献。然而，现实成就的合理性并不能彻底解决学界在青年学学科建设问题上的分歧与争论。结合学科范式和"经典学科判定标准"，我国青年学学科地位争论在本质上可以归结为两种学科判定标准的冲突和矛盾：经典的传统学科理论范式和现代学科视域中的现代学科理论范式。经典的传统学科理论范式是指，研究人员按照经典学科的标准来建设青年学学科，按照知识体系的完整性、研究方法的独特性、研究信仰的共同性等一般经典学科的标准，把青年学建设成为一门成熟、独立的经典学科。相反，所谓现代学科视域中的现代学科理论范式是指，研究人员普遍将青年学视为一个广泛的人文社会科学的具体问题领域，不具备发展成为成熟经典学科的可能性，只能采用多学科的理论和方法，来解决具体的党团工作和青年发展问题，因此，这种观点也可以称为"研究领域范式"。

在我国青年学学科建设的历史中，这两种学科范式之间的矛盾与冲突又可以概括为两个发展阶段：一是早期的浅层次学科化阶段，该时期是坚持经典学科的建设取向和目标，青年学学科建设在起步之时就表现出浓厚的"学科情结"及对"经典学科"的执着，主要表现为学习其他自然和社会学科编写和出版青年研究的系列教材和专著；二是目前的深层次学科化阶段，该阶段是"学科化追求"，按照经典学科的标准和要求，以致力于构建青年学的学科理论体系、厘定独立的学科研究对象、确立专属的学科研究方法为目标和基本任务。

我国青年学历经40年的发展与建设已具有成熟的学科建制，拥有了专门从事青年研究的机构、专业的研究队伍、专门的学术团体和专门的学术期刊①，我国教育学一级学科下设立"少年儿童与思想意识教育"二级学科，一些高校陆续开始设立少先队学科的硕士点和博士点，建立了完整的学科建制。② 因此，作为一种普遍诉求和行政行为的青年学"学科制度化"目标已基本实现，我国青年学学科建设的浅层次学科化发展阶段的任务基本完成。

但是，在深层次学科化阶段，青年学学科建设的问题更加复杂而深刻，其关键的问题主要是学科逻辑建设、学科知识沉淀的问题，涉及如何从学科定位、学科理论体系和研究方法等学理出发，回应人们对青年学作为一个学科存在的追问与质疑，并通过对青年学属于学科抑或领域这一问题的解决，来最终确立青年学的学科地位与学科权威。自20世纪90年代起，学界对此争论不止，提出过"学科论""领域论""超越说"等不同观点。③ 虽然上述论点各异，但都涉及两个最基本问题：青年学的学科判断标准和青年学的学科地位认识。在学科判断标准上，经典学科论范

---

① 张良驯．青年研究作为独立学科的依据［J］．中国青年政治学院学报，2016（1）．
② 邓希泉．论青年研究学科建设困境的超越及其建构［J］．中国青年社会科学，2017（1）．
③ 黄志坚．青年研究学科建设的进程与展望［J］．北京青年研究，2014，23（1）．

式和研究领域范式的冲突基本都围绕库恩的范式理论展开①，很多学者将范式视为解答有关青年学属于学科抑或领域之争的关键，认为学科范式就是经典学科判定标准。在青年学的学科地位认识上，经典学科论一直推崇系统的学科知识体系，并将严密的学科体系和学科内在逻辑视为学科发展成熟的最高阶段，知识积累和学科体系构建成为学科发展的内生性动力。学科的地位和成熟度远高于领域，只有建立独立的学科并形成、提出一套逻辑严密的理论体系，青年学才可能获得应有的学术认可，拥有独立的学科地位，因此，必须以建设理论体系完备并独立的传统学科作为青年学学科建设目标。而立足于现代学科理论的研究领域论范式则认为，固执于学科范式建构不仅不利于学科自身发展和知识体系完善，反而容易让学科陷入故步自封的困境，经典学科范式转变为限制学科学术创新与发展的桎梏。如果青年学能够始终作为一个开放的研究领域存在，那就可以吸收多学科的研究成果，借鉴多学科的研究方法，反而更加有利于青年学学科建设和青年工作的开展。

二、现代学科范式为青年学学科建设提供新方向

对于我国青年学学科建设的未来发展方向，笔者认为学界可

---

① 孟利艳，高中建. 青年研究学科化的范式困境及其范式革命［J］. 当代青年研究，2010（6）.

以借鉴现代学科的理论和学科范式，将青年学学科建设的基本方向从经典学科转为现代学科，根据现代学科的基本理论和观点重塑新时代的青年学。① 这一提法包括两方面的含义：一是仍然坚持把青年学作为一门独立学科加以建设的基本方面不动摇，在我国当前的国情之下，必须坚持把青年学当作独立的社会学科进行建设；二是要从根本上改变将青年学建设成为传统经典学科的做法，坚持结合现代学科的基本理论与发展规律，力争将青年学建设成为一门现代学科。

（一）学科建设对青年学发展的重要作用

学科建设对青年学的意义主要体现在学科这种社会建制形式对知识生产提升的作用上。学科作为学术组织的一种分类形式和组织模式，其本身就是对学术和知识领域的一种人为划分，这与人类生活中行业的划分是一样的。在人类知识生产高度专业化之后，学科被划分得越来越具体，因为这种具体的知识生产模式，一方面可以带来知识生产的专业化，允许研究人员在相对清楚的学科界限下从事一些极具专业性和专门性的科学研究，从而促进相关领域知识的快速系统积累；另一方面则可以促进知识生产的高效率，在学科的知识划分模式下，不同的学术共同体可以依据本专业的共同研究规范进行专业研究，减少因研究方法不一致、

---

① 张应强. 高等教育学的学科范式冲突与超越之路——兼谈高等教育学的再学科化问题［J］. 教育研究，2014（12）.

研究话语不统一等制度因素造成的研究效率低下、重复研究等问题的出现，进而提升人类知识生产的效率。从这两方面理解，建设青年学学科，转变青年学的知识生产模式，加快青年知识领域和相关重要问题解决，对促进青年研究和青年学本身的学科建设问题具有很强的实践价值和作用。

1. 学科建设有助于青年学学术共同体的建设和研究人员的教育与培养

学科作为一种社会知识建制的基本模式，可以起到凝聚相关人员的基本功能。当我们把青年学当成独立学科进行建设时，相关研究人员就会自然而然地围绕"青年问题""群团工作"等问题聚集在青年学的学科旗帜之下，围绕相关问题进行探讨交流，逐渐形成一个持有相似理念和共同价值追求的学科学术共同体。如果没有青年学的学科建设的努力，那么，很多青年研究者就只能分散在社会学、心理学、教育学等其他社会科学中，成为青年研究领域里的"散兵游勇"，而不能形成青年研究的集体力量和青年学的学科学术共同体。只有借助青年学学科的组织形式和规制力量，才有可能培育和形成致力于青年学的学科学术共同体。

学术共同体形成后就会产生强大的社会影响力和广泛的号召力，更可以借助共同体的力量来传播青年研究和青年学的学科知识，进行相关的教学活动，培养后续的研究人员，进而确保青年学的学科知识生产可以进行和维系。有源源不断的新一代科研人员投身于学科研究和知识生产是一门学科发展繁荣的基本保障。

将青年学作为独立学科来建设，在学科建制的基础上培养青年学的后续研究者，是青年学学科发展的不竭动力和源泉。相反，如果不把青年学当成一门独立学科加以建设，不形成学术共同体，那么，新一代青年研究者可能只能自己独自成长，分散在各自的学科中，青年研究的人才队伍只会越加凋零，前途堪忧。我国青年学30多年的学科建设历程也证明，正是由于我们一开始就追求将青年研究建成一门独立学科，成功创办了《中国青年研究》《青年研究》《当代青年研究》等一大批高水平学术期刊，持续不断地召开中国青少年发展论坛等学术交流活动，逐渐形成青年研究学术共同体，吸引一大批博士、硕士加入青年研究队伍，才保证了我国青年研究的薪火相传。在未来，我国青年研究学界更要加大青年学的学科建设，争取建设独立学科甚至一级学科，在高校开设相关的青年研究专业（硕士点、博士点），培养更加专业和高水平的青年研究学者。

2. 学科建设有助于青年学相关知识的生产与积累

如前所述，学科的主要作用是通过知识分类来促进知识生产的专门化和高效率。研究人员在面对高深学问所产生的新知识也需要将其归纳到既有研究体系中，进行知识的积累，从而为后续研究提供知识基础，这就形成了一个"生产—积累—再生产—再积累"的螺旋式上升的知识发展过程和机制。这就进一步形成每个学科所特有的知识逻辑和知识谱系，建立起了学科体系内部的知识逻辑关系，进化出学科知识的生产与积累机制，推动了知识的生产、积累与发展。而在一个松散的青年研究领域中，这种学科机制所特有的知识生产和积累方式显然是不存在的。同时，由于研究领域本身不具有内在的知识逻辑和知识谱系，那么，产生于不同学科中的青年研究学术成果也很难以一种专门的知识逻辑进行梳理，而且由于研究领域本身不存在学术共同体，也更不可能有专门的研究团体对这些研究成果进行专业的总结和知识建构。因此，只有以学科建制的形式对青年研究进行学科建设，将青年研究建设作为独立学科，才可能利用学科规训的力量对青年学的知识生产体系和学术成果积累体制进行更好的建构，不断加快青年学的学科建设进程。

3. 学科建设有助于青年研究机构的生存和发展

知识的产生、积累及传播需要专业的研究人员，而专业人员的存在则需要依托相应的机构。因此，青年研究机构的产生、存在与发展都与青年学的学科建制密切相关，青年学的学科建制建设是青年研究机构存在的根本。同样，只有建立了专门的青年研究机构以后，研究人员才有可能开展专业的学术研究活动，进行人才培养工作。改革开放以来，党的群团事业的大发展与大繁荣，客观上增加了党和政府对青年工作、共青团工作的政策理论需求，推动了我国青年研究和青年学的长足进步，进而催生了一批高水平的青年研究机构的成立。目前，我国基本建立了以国家级和省级的青少年研究中心（所）、各团校的青年教学研究机构、共青团机关的研究部门和高校的青年研究中心等机构为主体的青年研

究机构系统。① 这极大地保障了我国青年研究事业的高水准与大
发展。

（二）现代学科范式化的青年学

青年学的学科建设新方向应该是建设现代学科而不是一门经
典学科。现代学科是在第二次世界大战后期新兴的一种学科组织
建设模式，该形式不同于经典学科以"阶梯形"单一学科知识体
系为基础进行学科知识的生产与积累，而是强调知识生产要按照
"知识生产模式Ⅲ"的基本要求，从单一学科转为跨学科、多学
科协作的"部落式"知识生产，研究方向也由原本的"纯学术知
识驱动"转为"应用问题驱动"② （见图5.1）。这就使得人类学
科发展进程从"理论优位"向"实践优位"转变，这是现代科技
革命的基本方向。因此，在实践哲学家的眼中"传统哲学的几乎
所有观点都存在问题"③，经典学科范式也概莫能外。学科发展的
主要动力也随着政府、社会和企业界的参与开始变为社会需求和
问题导向，原本的学术需求和理论导向不断式微。现代社会发展
所带来的需求多样化和复杂化又迫使不同学科的研究人员围绕某
一社会问题开展跨学科研究。社会问题导向已经成为学科互涉不

---

① 张良驯. 青年研究作为独立学科的依据 ［J］. 中国青年政治学院学报，2016 (1).
② 吉本斯. 知识生产新模式 ［M］. 陈洪捷，沈文钦，译. 北京：北京大学出版社，2011：18.
③ 吴彤. 科学实践哲学发展述评 ［J］. 哲学动态，2005 (5).

断增强和边界日趋模糊的主要原因。① 现代社会科学开始呼唤
"开放社会学"，学科之间的交叉借鉴和融合发展成为社会科学发
展的时代趋势。从而让现今的社会科学在研究对象上快速重合，
在研究方法上越加互鉴共享，学科知识进行高度借鉴融合，形成
既高度分化又高度融合，研究领域和独立学科并存的"现代学科
倾向"，并最终产生不同的现代学科。

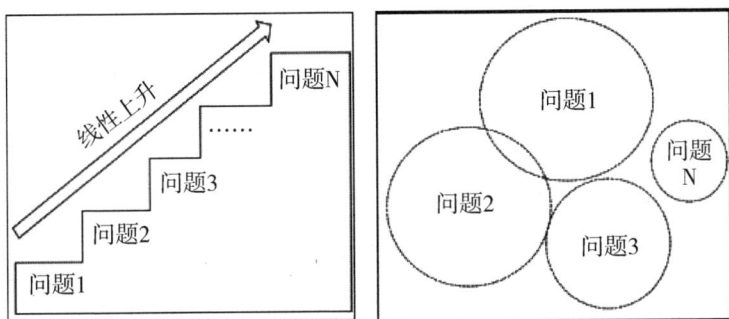

图5.1　经典学科与现代学科发展结构的比较

与经典学科相比，现代学科建制主要具有四个方面的特征。
第一，问题导向的学科知识建设逻辑。现代学科的知识生产和积
累不再执着地追求严谨一致的学术理论逻辑，而是将实际问题结论
和学术理论进行综合，强调理论的实践性，因此，现代学科的知识
体系呈现出松散媾和特征。第二，需求主导的学科发展路径。现代
学科的学科发展逻辑主要是满足社会重大需求，基本放弃了渐进式
的学科进化积累方式，学科判断的标准依据应用性的研究问题而

---

① 朱丽·汤普森·克莱恩. 跨越边界：知识　学科　学科互涉［M］. 姜智芹，译.
南京：南京大学出版社，2005：219.

定。第三，开放式的学科内容。现代学科的研究内容以社会问题为主，具有应用性、变化性和开放性。第四，多学科的学科研究方法。现代学科强调结果导向，不执着于学科局限的研究方法，只要这种研究方法可以很好地解决问题那就可以拿来使用，这就使得现代学科的研究方法就是多学科、跨学科的研究方法，不局限于学科自身的属性和范围。现代学科具备上述特征，而无法形成经典学科所推崇和追求的完整严密的学科理论体系与独特的研究方法。

从最早进行青年研究的西方学术界来看，青年学的兴起也是现代学科的兴旺时期。青年学从产生之时就被赋予了现代学科特征，是一门典型的现代学科。"二战"后期，西方社会的青年犯罪、青年性解放、青年发展、青年民主等问题不断上升为社会热点问题，西方政府在应对这些新产生问题时缺乏理论依据，此时，一些社会学、人类学、心理学等学者开始对这些青年问题加以研究探讨。这就为青年研究和青年学的方法和理论打下了坚实的多学科基础。随着研究的深入和研究成果被政府等机构采用，青年问题逐步成为一个独特的问题领域并逐步从社会学中分离出来，而问题导向的研究倾向又进一步让来自不同学科领域的青年研究者可以围绕某一共同问题进行交流和讨论，从而形成了最初的青年研究学术共同体。①②

---

① L. Mucchielli. Sociology of Deviance and Criminology in France：History and Controversies [J]．American Sociologist，2017，6（4）．

② A. Hemmings，G. Beckett，S. Kennerly，et al. Building a Community of Research Practice [J]．Journal of Mixed Methods Research，2013，7（3）．

　　随着社会的不断发展，青年问题也变得日益复杂，以之为研究对象的青年学所涉及的学科和领域也更加的丰富，特别是现代政府社会治理的科学化和民主化进程加速，政府决策更加追求科学有效。这就进一步强化了青年研究者在研究中的"目的导向"和研究方法的"实用主义"，只要能够解决问题就不在乎是什么学科的方法与理论。由于青年研究和青年学的学科边界因青年问题的泛化而不断扩大，我们现今已经难以对其进行准确的描述和界定。它早已超出普通社会学、人类学、心理学、教育学等传统学科的研究范畴，成了真正的"社会青年学"，所有与青年相关的领域、学科和重大社会问题似乎都与青年研究相关，但它又不属于任何一个单独的社会科学。青年学正越来越成为"青年知识体系"，成为"青年社会"之学。

　　所以，属于现代学科的"青年学"学科不能用传统的经典学科标准去定义和分析，更不能因为"青年学"不合乎经典的学科范式标准而否定其独立的学科属性和学科地位。我们必须放弃长期坚持的经典学科标准去评价和规划青年学的学科建设与发展方向，而要纠正长期以来我国青年学学科建设出现的方向性偏差，按照现代学科思路和标准去建设新时期的中国青年学学科。也只有以现代学科的要求去规划青年学的学科建设发展方向，才能有效地为青年学作为一级学科而存在的合理性进行辩护，有力回击经典学科论对青年学学科性质的质疑，从而增强青年学学术共同体的学科自信、理论自信和道路自信。

三、基于现代学科理论实现青年学的"再学科化"

在现代学科理论框架中，青年学应该是多元的，但更应该是在多元化基础上加强学科统合发展。青年学所面对的研究对象是复杂社会系统中最具活力和变化性的青年群体，研究对象的高度复杂和全面性迫使青年学的学科理论和研究范式必须也是多元而统合的，单独一种理论或者方法有时很难解决青年群体的社会问题。在这种意义上，青年学就更像是一种方法论和认识论，要结合自身具体的研究问题对其他学科的研究范式和学科理论进行"批判"与"扬弃"，这在本质上是站在青年学的学科角度和问题立场上对多学科知识体系和多元研究范式进行一次"青年学化构建"。而青年学的学科建设正是青年研究深化的一种制度表现和必然结果。所以，已进入"而立之年"的青年学更应该保持"三十而立"的态度，将学科建设发展聚焦于现代学科视域下的"再学科化"，沿着学科建制的方向坚定向前。从整体而言，青年学及其学科建设的再学科化就是依据现代学科理论基础而进行的多学科理论与研究范式的大统合。在坚定不移的独立学科的立场下，以包容开放的学科气度去统合与青年学相关的众多学科内容和研究范式，秉持学科独立学术价值，明晰学科研究问题范围，宣示多元跨学科研究方法，从而确立青年研究独立的现代学科地位，完成新时期将青年学建成我国独立甚至是一级学科的主要任务。

（一）坚持以独立学科立场和价值实现青年学学科立场的统合

学科立场意在明确学科存在的独特价值，起到团结学术共同体和规约研究范式的双重作用。① 与经典学科标准建立起的其他社会科学不同，现代学科意义的青年学强调独立学科立场，坚守学科价值，不是为了构建学科知识壁垒，以学科孤立取得学科独立，而是为了明确自身致力研究解决的问题，彰显青年学在咨政建言、解决实际问题上的独特学科价值。青年学独特的学科价值是一般学科理论价值和社会应用价值的"双向统合"。在一般学科理论价值上，青年学的学科立场就是通过对社会中青年群体的问题的探究积累具有普世学科价值的知识体系，将人类对未知世界的认识提升到新高度；在社会应用价值上，青年学及其研究要紧跟中国特色社会主义建设的伟大实践，扎根中国青年实践，服务党的青年工作和共青团工作，从而推动全社会关注青年、关心青年、关爱青年。这是中国青年学及其研究所独有的研究问题和独特的学科价值。这种实践特征也赋予青年学"应用软科学"的学科地位，明确了青年学学科的"实用性、功利性和注重专业实践"特性②。总之，青年学独特的实践价值决定了青年学学科建设所

---

① K. Czarnecki, J. N. Foster, Z. Hu, et al. Bidirectional Transformations：A Cross‑Discipline Perspective ［A］ // Theory and Practice of Model Transformations, Second International Conference, ICMT ［C］. Zurich, Switzerland. Proceedings. DBLP, 2009：260‑283.

② 托尼·比彻，保罗·特罗勒尔. 学术部落及其领地 ［M］. 唐跃勤，蒲茂华，陈洪捷，译. 北京：北京大学出版社，2008：89.

具有的独特学科立场和价值，二者双向互动、互为支撑，从而决定了青年研究立场的统合必须坚持以独立学科立场和价值为基础。

（二）坚持以中国青年实践实现青年学学科内容的统合

现代学科日益突出以问题为中心，以结果为导向的学科建设取向，将"解决社会问题定义为当代社会学科最大的价值"[①]。马克思主义哲学一以贯之的观点就是理论源自实践，实践是青年理论和共青团工作理论的最终来源。因此，青年学的学科研究内容也应该以实践为导向，坚持以青年实践和社会问题为导向，厘清青年学的相对学科边界。这不仅符合青年实践的社会特征，也契合现代学科理论中研究内容动态发展，关注社会需要的学术品质。

从总体而言，青年学的内容是学科理论与实践问题的统合。青年学虽然是一个开放、融合的现代学科，但是它依然是一个独立的"学科"。凡是学科就会有明确的学科范围与界限。由于学科范围和界限的划定具有"学科知识""学科权力"的双重意义和基本动态关系，赋予了学科知识与权力关系存在的合理性，因此"人们可能粉碎由学科建立的东西，但人们不能粉碎任何围栅，学科必须既开放又封闭"[②③]。所以，作为现代学科的青年学

① 匡维.知识与学科——兼论教育学学科地位［J］.教育理论与实践，2012（1）.

② K. Canhilal，B. Lepori，M. Seeber. Decision – making power and institutional logic in higher education institutions：a comparative analysis of European Universities［J］. Research in the Sociology of Organizations，2016（8）.

③ 莫兰.复杂性理论与教育问题［M］.陈一壮，译.北京：北京大学出版社，2004：23.

也必须通过对研究内容加以统合，从而确定自己的相对学科边界。学科理论建构是对青年研究和群团实践的总结与升华，而青年学的理论建构和学科建设的起点与归宿都是为了服务党中央青年实践，满足共青团工作需要。所以，必须按照中国特色青年工作和共青团工作实践需求来引导青年研究，推进青年学的学科建设工作，避免青年学的研究内容过于空泛零散，切实提升青年学及其学科建设的科学化和理论化水平。

（三）坚持以跨学科研究方法实现青年学的研究范式的统合

今天，多学科和跨学科的研究方法被越来越多的现代学科所接受，并已成为现代学科研究的主要研究范式。[①] 青年学采用跨学科的混合研究范式既有其学术发展的偶然性，也有青年问题的复杂性导致的现实必然性，两者共同决定青年研究及其学科建设从其肇始之日起便"不可能在单个学科范围内得到解决，而需要从两个以上的学科视角综合各种观点，建构更为全面的视角"[②]，而研究者只能借助教育学、心理学、社会学、管理学等其他社会科学进行跨学科的混合研究。就如同爱因斯坦的相对论超出了牛顿力学解释范畴一样，青年学所坚持的现代学科研究方法论和研究范式完全超出了传统经典学科范式的理论解释范畴，利用经典

---

① M. Denscombe. Communities of Practice：A Research Paradigm for the Mixed Methods Approach［J］. Journal of Mixed Methods Research，2008，2（3）.

② 刘小宝，刘仲林. 跨学科研究前沿理论动态：学术背景和理论焦点［J］. 浙江大学学报（人文社会科学版），2012（6）.

学科范式来开展青年学的学科建设工作不仅无益反而有害。

　　需要再次指出和强调的是，现代学科语境中的多学科青年学的研究范式是围绕青年问题而对其他学科的学术理论与研究方法进行的一次"方法论统合"，不是简单地以多学科名义进行的多个单一学科视角下的问题研究。这种基于单一学科视角出发的多学科研究，只是强调不同研究人员从各自的学科背景和学术基础出发，对同一个青年问题给出不同学科的解释。这种多学科研究是碎片化的，拼盘式的，并没有实现真正的跨学科和基于研究问题的研究合作和研究范式再创新。现代学科所倡导的跨学科研究范式，不仅是一种研究技术，更是一种方法论层面的研究思想和理念，不是现有学科的理论和研究方法的简单相加或重新排列组合，而是要重新构建一个围绕青年问题、青年工作，打破学科壁垒，形成包容各学科精髓的新研究范式，这种范式可以从多层面、多角度、立体化地对青年研究问题给出清晰、透彻的科学解释，通过将不同学科的思想真正融入青年学及其研究中，来实现青年学及其学科建设从学科知识的"存量增加"向学科体系统合的"质性飞越"。

第六章　近十年美国青年研究的现状与趋势

　　青年是国家经济社会发展的生力军和中坚力量。随着青年群体在当今社会发展中的作用日益重要，青年研究作为以研究青年现象、青年问题及青年自身规律为目标的社会科学，其学术研究的理论水平对世界各国青年工作的实践产生较大影响。美国目前依然是国际上青年研究最发达和活跃的国家之一，美国青年研究的研究范式与理论创新对于世界青年研究的发展有着风向标意义。在最近十年间，美国青年研究的热点问题有哪些？研究的前沿热点取得了什么进展？美国青年研究的理论体系有何种变化？哪些经典文献奠定了当前美国青年研究学科发展的知识基础？借助图书情报和文献计量学的方法对上述问题进行研究分析，有利于揭示现今美国青年研究的研究特点、学术前沿、理论基础与未来发展走向，以期对我国青年研究者的学术视野开阔、问题选择和研究方法的突破及青年研究的学科建设等提供有益参考。

一、数据来源与分析方法

文献离散定律是目前国内外各大学术引文索引建立的基础理论，该理论于 1934 年由英国著名图书情报学家 S. C. 布拉福德（Bradford）最先提出。文献离散定律科学地反映了学术科研论文在学术期刊上分布的基本规律，在某一学科或某一研究领域中，优秀的研究成果总是会出现一种自然的"聚集效应"，会集中发表在少数的专业期刊中。这些集中刊发某一主题的期刊就构成了对该研究主题最有贡献的核心区域，集中反映了该研究主题或研究领域的基本情况。根据美国科学信息研究所（The Institute for Scientific Information，ISI）2018 年发布的《期刊引用报告》（Journal Citation Reports，JCR），美国共有四种 SSCI 青年研究类学术期刊，这些期刊在学术声誉、期刊影响因子、被引频次等主客观指标上均在世界青年研究类期刊中处于领先地位，属于美国青年研究领域中最为重要的顶尖学术期刊，基本可以反映美国青年研究的总体情况。因此，本研究选取刊发在这四种学术期刊上的学术论文为研究对象，以此来展示美国青年研究的现状和演进趋势。所选期刊的影响因子、发文量、被引频次等基本信息如表 6.1 所示。

本书所使用的期刊数据均来自 ISI 的 Web of Science 网址和 JCR 报告，以各期刊规范的英文名称为检索词，检索的时间限制为 2009—2019 年，对选定期刊的相关数据进行检索下载，共得到 5012 篇论文。笔者依据抽样调查中的目的一致性抽样原则，对数据进行了初步的处理，剔除与研究目的不相关的少年儿童研究、会议综述、临床实验报告、书评等非学术资料，最终得到 3233 条有效数据。（检索时间为 2019 年 11 月 30 日）

表 6.1　美国四种青年研究类学术期刊的基本情况

序号	研究样刊名称	影响因子	文献数量	被引频次	发文最多国家	发文最多国家的发文量	发文最多国家的发文量占期刊总量的比例	所在 SSCI 的分区
1	*Youth & Society*《青年与社会》	2.523	402	1688	美国	298	74.13%	Q1
2	*Journal of Adolescence*《青少年期刊》	2.350	978	6585	美国	618	63.19%	Q2
3	*Journal of Research on Adolescence*《青少年研究杂志》	2.071	547	3659	美国	508	92.87%	Q2
4	*Journal of Youth and Adolescence*《青年与青春期杂志》	3.259	1306	9120	美国	1266	96.93%	Q1

本研究把 CiteSpace 可视化软件作为主要的数据分析工具，借助该软件对特定领域文献集合进行计算，以探寻出学科领域演进

的基本路径、知识转折点和美国青年研究中的知识基础。① 此外，本书也运用 CiteSpace 软件，利用引文分析、共被引分析、关键词分析等图书情报学的基本研究方法，对核心作者、主要研究机构和时区视图进行分析，并绘制出相关的学科领域知识图谱。

二、研究结果分析

（一）美国青年研究的基本情况

1. 论文发表量的年度分析

某一主题或领域研究论文历年发文量的数量变化，直接反映出学术界对该问题关注度的变化。通过对美国四种青年研究类学术期刊的年度载文量统计（见表 6.2），我们可以发现，美国青年研究整体呈现出增长趋势。特别是在 2013 年以后，美国四种青年研究类学术期刊上刊发的青年研究论文数量明显增加，2015 年以后基本上每年都发表近 300 篇，2017 年更是达到了 306 篇。除去期刊自身运营管理因素和研究数据的清洗误差，这表明美国青年研究类期刊所发表的关于青年研究类的论文更加聚焦，研究成果数量在增加，期刊上偏离"青年群体"的不相关文章也在不断减少。这也进一步显示出，近十年来，美国学术界对青年群体的关

---

① 陈悦，陈超美，胡志刚，等 . 引文空间分析原理与应用 CiteSpace 实用指南 . 北京：科学出版社，2014：12.

注度在持续升温。

表6.2　美国四种青年研究类学术期刊的年度载文量

	期刊名称	2009	2010	2011	2012	2013	2014	2015	2016	2017	2018	2019	合计
1	《青年与社会》	22	26	39	28	36	46	38	52	49	32	34	402
2	《青少年期刊》	69	73	78	64	83	100	107	102	108	95	99	978
3	《青少年研究杂志》	39	40	42	52	59	60	58	53	62	38	44	547
4	《青年与青春期杂志》	119	113	104	112	128	120	126	121	132	115	116	1306
	合计	249	252	263	256	306	326	329	328	351	280	293	3233

2. 期刊的影响力与研究主题分析

学术期刊在 SSCI 中的分区直接反映了期刊的学术影响力，而 SSCI 分区的依据主要考虑到期刊的发文数量、论文被引频次、影响因子等因素。因此，本书就期刊的学术影响力进行了分析。从表6.1的统计结果可以看出：第一，在期刊分区和影响因子上，《青年与青春期杂志》和《青年与社会》排名在前两名，均属于 Q1 区权威学术期刊，《青少年期刊》和《青少年研究杂志》虽然在第三、第四名，但是也位于 Q2 区的 SSCI 高水平学术期刊。四种期刊的影响因子都在 2.0 以上，《青年与青春期杂志》的影响因子更是高达 3.259。第二，在期刊论文发表量和被引频次上，《青年与青春期杂志》和《青少年期刊》的载文量最多，分别是 1306 篇和 978 篇，占总发文量的 70.64%，其被引频次也处于前列，分别为 9102 和 6585 次。《青年与青春期杂志》在影响因子、发文量和被引频次上都明显高于其他三种期刊，是美国青年研究类学术期刊中最重要的学术期刊。此外，美国四种青年研究类学术期刊还表现出明显的"本土化倾向"。近十年来，美国研究人员和学者在这四种学术期刊上发表文章的总数为 2960 篇，占所有文章数的 83.20%，《青少年研究杂志》和《青年与青春期杂志》两种期刊有 90% 的论文来自美国的研究人员和学者，体现出了"讲述美国青年故事"的办刊特征，这也从侧面证明，这四种期刊可以较好地展现现今美国青年研究现状和发展趋势。总之，《青年与社会》《青少年期刊》《青少年研究杂志》和《青年与青春期杂志》这四种学术期刊，是美国青年研究类的高水平学术期刊，在美国和世界青年研究学术界都具有良好的学术声誉和较高的学术影响力。

期刊研究主题既体现了期刊自身的学术定位与期刊特色，同时也反映了一定时期内学术共同体所关注的社会热点和研究倾向。所以，在信息情报学中，期刊研究主题为某一问题或相关领域的研究人员收集和发表研究成果提供了极大便利。[①] 为此，本研究借助 CiteSpace 软件对期刊的共被引文献和关键词进行的聚类分析，以展现四种期刊各自聚焦的青年研究主题。（见表 6.3）

---

① S. A. Rueschemeyer, R. D. Van, O. Lindemann, et al. The Function of Words: Distinct Neural Correlates for Words Denoting Differently Manipulable Objects [J]. Journal of Cognitive Neuroscience, 2010, 22 (8).

表6.3 美国四种青年研究类学术期刊研究主题的聚类分析

聚类	大小	轮廓值	平均发表年份	标签词（TF * IDE）	标签词（LLRE）	标签词（MI）
0	31	0.794	2012	课外活动	文化社会化实践	青少年问题行为
1	29	0.676	2012	父母教育方式	青春期特征	自我价值
2	25	0.703	2014	青春期的女性	压力性生活事件	社交网络
3	23	0.752	2015	健康	非自杀式的自残	网络欺凌
4	19	0.865	2017	违法行为	药物滥用	非洲裔青年

通过表6.3可知，《青年与社会》属于聚类0，其研究主题相对比较聚焦。从2012年左右开始，研究主要重点聚焦在青年的文化社会化实践上，特别是在校青年学生的课外活动中存在的社会问题，以及青少年社会化进程中存在的心理问题与行为的研究。《青少年期刊》的研究主题聚类为2，主要关注女性青少年群体的发展，其中有两个研究主题是2014年该杂志关注的重点，一是青少年的压力性生活事件；二是青少年在社会成长过程中的心理问题，特别是青少年和父辈之间的沟通交流问题。《青少年研究杂志》《青年与青春期杂志》都属于聚类4，该聚类关注的主要研究主题包括美国青少年的违法行为、青年药物滥用（吸毒）、以美国非洲裔青年为代表的美国少数族裔青年问题等。

3. 核心作者群体与标志性研究机构

随着青年群体在社会发展中的作用日渐突出，美国学术界中从事青年研究的学者群体也在不断扩大。而在某些领域和研究问题上出现稳定的论文产量高和学术影响力大的核心作者群体，则是青年研究基础逐渐坚实，研究逐渐成熟的重要标志。根据著名的赖普斯核心作者定律可知，核心作者群与所有作者之间所存在的数量关系，只有当有若干学者的发文量超过核心作者临界阈值 N 时（N 就是核心作者群发文量的阈值，发文量超过 N 的作者即为核心作者），相应的核心作者群才真正形成。[①] 从本书的统计数据可知，美国学者 R. M. Lerner 以 27 篇发文量居作者发文量的首位，因此，可以计算出核心作者的临界阈值 $N = 3.89 \approx 4$。近十年来，在美国四种期刊上发文超过四篇的作者共有 398 位，这些核心作者共发表了 865 篇论文，占全部论文的 26.76%。文献计量学判断学科或领域高产作者群体的赖普斯定律要求，当核心作者所创作的论文要占总论文量的 50% 以上时，可以认为学科或研究领域存在实际意义上的核心作者群。因此，我们可以判定，美国青年研究类的四种期刊依然以瞬时作者为主，核心高产作者群还未形成。然而，从发文量最高的前十位作者的论文影响力（见表6.4）分析，他们的研究成果确实对美国的青年研究发展起到引领作用，也在一定程度上折射出美国青年研究发展的最新走向。

---

① 马费成，胡翠华. 信息管理学基础［M］. 武汉：武汉大学出版社，2002：83－85.

表6.4 美国四种青年研究类学术期刊的高产作者（大于10篇）

序号	作者	作者所在单位	发文量	最大引用	H
1	Richard M. Lerner	塔夫茨大学	27	129	18
2	Kimberly A. Updegraff	亚利桑那州立大学	19	66	9
3	Susan M. McHale	宾夕法尼亚州立大学	16	29	8
4	Alex R. Piquero	得克萨斯大学达拉斯分校	16	119	11
5	Andrew J. Fuligni	加州大学洛杉矶分校	15	78	11
6	Seth J. Schwartz	迈阿密大学	15	117	5
7	Adriana J. Umana – Taylor	亚利桑那州立大学	15	66	7
8	Su Yeong Kim	得克萨斯大学奥斯汀分校	14	117	6
9	Vangie Ann Foshee	卡罗来纳大学	12	38	9
10	M. J. Zimmer – Gembeck	波特兰州立大学	12	27	6

从期刊发文量的机构分布分析，2010—2019 年，在美国四种青年研究类学术期刊上发文量排在前十位的机构均为美国大学（系统），可见，高校依然是目前美国青年研究领域的主要力量。（见表6.5）这十所大学在四种期刊上共发表学术论文708 篇，占总发文量的21.89％，虽没有达到普赖斯定律要求的"核心机构群的发文量要达到总发文量的50％"标准，但是这些机构确实已经在论文引用量和 H 指数上达到了较高水平，成了美国青年研究领域中的标志性研究机构。

在这些机构中，发文量最高的前三位机构是宾夕法尼亚联邦高等教育系统、加利福尼亚大学系统和亚利桑那州立大学。前两者属于成员较多的大学机构联盟，而亚利桑那州立大学则属于相对独立的大学组织，这些机构在美国青年研究领域具有较大的代表性和一定的影响力。从 H 指数和论文最大引用上分析，宾夕法尼亚联邦高等教育系统、得克萨斯大学系统、加利福尼亚大学系统的论文 H 指数排在前三位，宾夕法尼亚联邦高等教育系统、得克萨斯大学系统和亚利桑那州立大学的最大引用频次均达到了117 次，排在前三位置，这表明三者在一定程度上在美国青年研究领域中占据着举足轻重的地位。

　　科研合作是当今大科学时代知识生产的主要方式，也是学科知识生产迈入成熟阶段的重要特征。[①] 为了更加清晰地揭示美国青年研究机构之间的合作情况和知识生产的集群合作效应，本研究采用 CiteSpace 进行了合作机构的知识图谱分析。结果发现，目前，美国青年研究领域基本形成了三大类学术机构凝聚子群合作集群（图谱）：一是以密歇根大学、亚利桑那州立大学和宾夕法尼亚州立大学等为中心的凝聚子群；二是以卡罗来纳大学、得克萨斯大学奥斯汀分校和宾夕法尼亚联邦高等教育系统等为中心的凝聚子群；三是以北卡罗来纳大学教堂山分校、加州大学伯克利分校、佛罗里达州立大学系统等为中心的凝聚子群。这些以高校为中心的美国青年研究机构集群虽已形成，但是成员之间的内部合作广度和深度并不十分紧密，基本处于松散媾和的状态。

---

① E. G. Carayannis, D. F. J. Campbell. Mode 3 Knowledge Production in Quadruple Helix Innovation Systems: Quintuple Helix and Social Ecology ［M］. New York: Springer, 2012: 1 - 61.

表 6.5 美国四种青年研究类学术期刊的标志性研究机构（前十名）

序号	机构名称	发文量	最大引用	H
1	宾夕法尼亚联邦高等教育系统	107	117	24
2	加利福尼亚大学系统	102	79	22
3	亚利桑那州立大学	81	117	20
4	得克萨斯大学系统	79	117	23
5	北卡罗来纳大学	65	39	21
6	佛罗里达州立大学系统	63	152	20
7	宾夕法尼亚州立大学	59	64	18
8	得克萨斯大学奥斯汀大学	52	116	16
9	密歇根大学	50	91	22
10	北卡罗来纳大学教堂山分校	50	38	17

（二）美国青年研究的主题与热点

关键词（Keyword）是一篇学术论文中最能揭示研究主题、反映主题信息特性的词汇或短语，是每一篇文章的核心与精髓，读者可以通过高频关键词的统计，分析某一领域的总体特征、热点与发展趋势。[①] 本研究利用 CiteSpace 软件关键词词频共现功能，对选定的美国四种青年研究类学术期刊中的论文关键词进行量化分析，获得了高频关键词知识图谱。（见图 6.1）

结合图 6.1 中所展现的节点的大小基本可以判定，青春期（adolescence）和青年（youth、adolescent、juvenile）是研究中最

---

① 赵新亮，张彦通. 近十年美国高等教育研究的现状、热点与趋势——基于美国 5 种 SSCI 高等教育期刊的可视化分析 [J]. 中国高教研究，2015（10）.

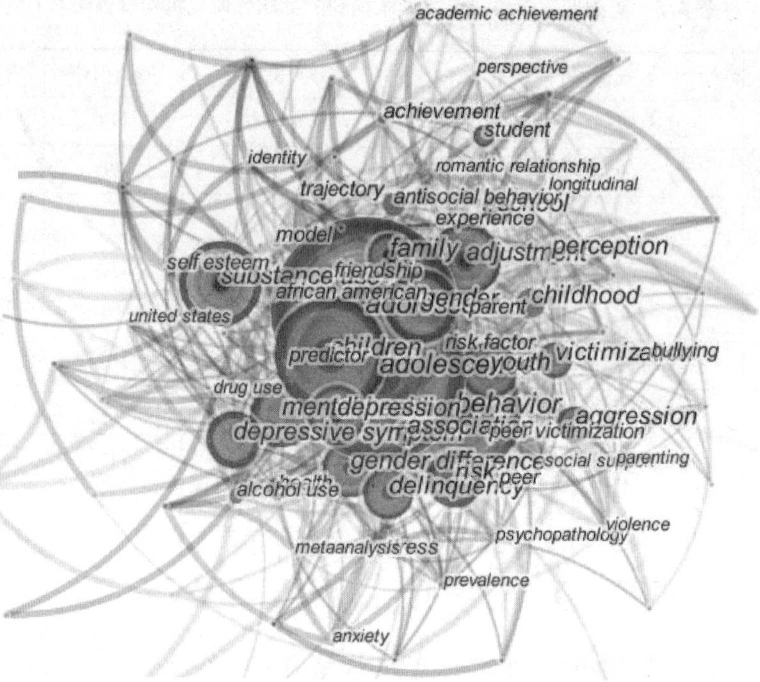

图 6.1 美国四种青年研究类学术期刊高频关键词的可视化知识图谱

大共现点，这表明美国四种青年研究类学术期刊所发表的学术论文对青年群体的问题高度聚焦，期刊的专业性和研究特色十分鲜明。此外，由家庭、学校、健康、行为、药物滥用、社会支持等关键词词频共现所生产的节点也十分突出，在关键词的重要性方面排名较为靠前。可以推断，美国四种青年研究类学术期刊对美国青年在家庭、学校环境中存在的不良行为问题较为关注。为进一步挖掘高频关键词中所包含的重要信息，本研究又结合论文题目、摘要等重要信息，再次利用 CiteSpace 知识图谱软件对期刊论文的关键词进行了二次叠加聚类分析，并得到了高频突现关键词

的聚类分析结果。（见表6.6）

表6.6 美国4种青年研究类学术期刊研究主题的聚类分析

聚类	大小	轮廓值	平均发表年份	标签词（TF * IDE）	标签词（LLRE）	标签词（MI）
0	55	0.828	2010	认知差异	母亲、视角	亲子文化差异、群际接触
1	54	0.856	2007	教养	父母、控制	保护、学业调整、学生功能
2	54	0.903	2008	选择	青年、友谊、网络	标识样式、睡眠障碍、拉丁裔青少年
3	53	0.762	2011	青年早期	亲社会行为	纵向调查、心理调整、社会关系
4	52	0.893	2007	积极青年发展	认知同一性	纵向交叉滞后研究、生态微系统
5	52	0.725	2011	欺骗	欺凌行为、参与	青年自残、校本课外活动、表达抑制
6	52	0.778	2012	青年	约会、关系、滥用	教师直觉、吸毒、社区因素
7	47	0.957	2013	高危性行为	理解、少数族裔	种族排斥、非裔美国青年、性行为

综合图6.1和表6.6的关键词聚类结果可知，当前美国青年研究学界所关注的热点主要集中在以下五个方面。

1. 少数族裔青年发展

由于美国移民社会的历史原因和社会文化，种族问题一直是美国政治和社会的重要问题，受此影响，美国青年研究界也将少数族裔青年的发展问题作为一个重要的研究热点。具体而言，研究者主要关注非裔、亚裔、墨西哥裔等少数族裔青年能否享受与白人青年平等的社会资源和社会参与机会，在不良的社会行为或心理健康问题上存在何种区别，体现何种特点等。特别突出的关键词有少数族裔青年群体的城乡差异、暴力倾向、社会身份认同、种族歧视、社交焦虑、社会化环境等，都反映出美国青年研究者对相关问题的研究指向。

2. 青年不良社会行为

这类研究主要关注美国青年的违法犯罪行为，或者是一些可能会给青年身心发展带来不良影响的社会行为。其中比较突出的研究热点包括网络欺凌、校园欺辱、吸毒、青少年自残、饮食失调、危险驾驶、高危性行为、卖淫、同性恋行为、潜在不良因素分析、城市青少年吸烟、男性犯罪轨迹、调查分析、过激行为反应等，而对于女性青年的关注也是该类研究的一大特点。

3. 青年不良心理问题

如果说不良社会行为是美国青年问题的外在表征，而关于美国青年不良心理问题的关注，则是美国青年研究领域对青年问题的内部因素分析。很多心理学专家和学者加入青年问题的研究，对美国青年群体中较为突出的心理问题进行了集中探究，这些问题主要涉及三个层面：第一，原生家庭对青年心理问题的影响，比如父母教养方式、家庭社会资本、家庭中的亲子文化差异、母亲角色的发挥、家庭不良因素（家暴、离异、单亲母亲等）；第二，青年在自我认知方面存在的典型心理问题，比如自我同一性认知冲突、种族身份的认知调整、表达抑制、睡眠障碍、非适应性思考、认知失调、极端情绪、自残等；第三，青年社会化发展中的问题，比如不良的同伴社交网络交往、社区人际生态对青年社会化成长的影响、预期友谊质量、青年约会中的虐待关系等。

4. 青年学校教育问题

分析结果表明，青年在高中和大学里所表现出的特征和问题，一直是美国青年研究的重要"场域"。在美国青年研究主题的高频关键词中，有很多核心词汇与学校教育问题密切相关，如中学生、大一学生、校园课外互动、教师影响、就业、职业焦虑、人际资本、学习技能、金融社会融入、辍学、教育种族差异、招生政策、学习成绩、校园攻击行为、STEM 教育等。特别是自 2017 年开始，随着美国政府对青少年 STEM 教育的关注，美国青年研究学术界开始对青年科学能力加以关注，相关研究成果也开始增加。

5. 积极青年发展理论

积极青年发展（Positive Youth development，PYD）理论是针对社会学、教育学、心理学等领域关于青年发展长期存在的"问题模式"的批评，认为原有的青年"问题模式"理论容易把青年和问题挂钩，将青年视为问题，同负面发展相联系，具有逻辑上的欠缺。突出强调要多关注青年个体的充分发展和成功经验，而不仅是关注和减少青年问题行为，应从更加积极和全面的视角分析和看待青年，从而重新定义了青年发展的内涵。①② 从 20 世纪 90 年代开始，积极青年发展观开始在欧美学术界萌芽并迅速对心理学、教育学、社会学和管理学等诸多社会学科领域产生了深刻影响。根据本研究的共现关键词和词频突变结果可知，从 2010 年开始，美国青年研究界的学者和研究人员基于积极青年发展理论开展的研究开始明显增加，且主要是从青年发展资源、发展社会情境（家庭、学校、同伴关系）等角度加以分析和探讨。

（三）美国青年研究的前沿与知识基础

1. 研究前沿分析

通过从共被引文章的摘要、论文标题中抽取高频突现专业术语和关键词，并基于数学算法的复合凝聚网络归类，CiteSpace 软件可以绘制相关研究问题或领域的知识网络关系图谱，进而归纳形成该研究的学术前沿动态。③ 为深入分析美国青年研究领域内的研究热点、学术前沿，本研究利用 CiteSpace 软件对所选期刊刊载论文的共被引与主题词同时进行叠加聚类分析。在输出的美国

---

① R. M. Lerner. Concepts and Theories of Human Development, 3rd ［J］. European Journal of Pharmaceutical Sciences Official Journal of the European Federation for Pharmaceutical Sciences, 2005, 16 (3).

② E. P. Bowers, Y. Li, M. K. Kiely, et al. The Five Cs Model of Positive Youth Development: A Longitudinal Analysis of Confirmatory Factor Structure and Measurement Invariance ［J］. Journal of Youth and Adolescence, 2010, 39 (7).

③ M. B. Synnestvedt, C. Chen, J. H. Holmes. CiteSpace Ⅱ: Visualization and Knowledge Discovery in Bibliographic Databases ［J］. AMIA. Annual Symposium Proceedings, 2005 (2).

青年研究领域共被引知识图谱中，共形成了十个主要聚类。依据这些聚类的轮廓值、大小和形成时间，大致可以认为现今美国青年研究的热点和学术前沿包括课外活动、理解青年期（本质）、青年社交网络、初显成年、青年—成年伙伴关系、父母控制、成长风险积累、积极青年发展、青年睡眠问题、家庭因素等。

2. 知识基础分析

知识基础是一个有利于进一步明晰研究热点本质的概念，如果把研究前沿定义为一个研究领域的发展状况，那么研究前沿的引文就构成了该领域热点的知识基础。① 为了寻找近些年来美国青年研究人员和学者最为关注的核心文献，进而厘清美国青年研究界学术前沿发展的知识基础，本书使用 CiteSpace 软件绘制了美国四种青年研究类学术期刊的文献共被引知识图谱（见图 6.2），该图谱中共形成了 527 个节点和 1493 条连线。

分析图 6.2 可知，美国四种青年研究类学术期刊的文献共被引网络呈现出明显的多核心聚集分布特征，表明当前的美国青年研究热点明晰，核心经典文献突出，深入分析和挖掘这些节点数据背后的信息可以有效明确美国青年研究领域的知识基础。

在图 6.2 中，共被引文献的最大节点是美国范德堡大学心理与人类发展系定量方法项目负责人克里斯托弗·普里彻教授（当

---

① C. Chen. CiteSpace Ⅱ: Detecting and Visualizing Emerging Trends and Transient Patterns in Scientific Literature [J]. Journal of the Association for Information Science & Technology, 2014, 57 (3).

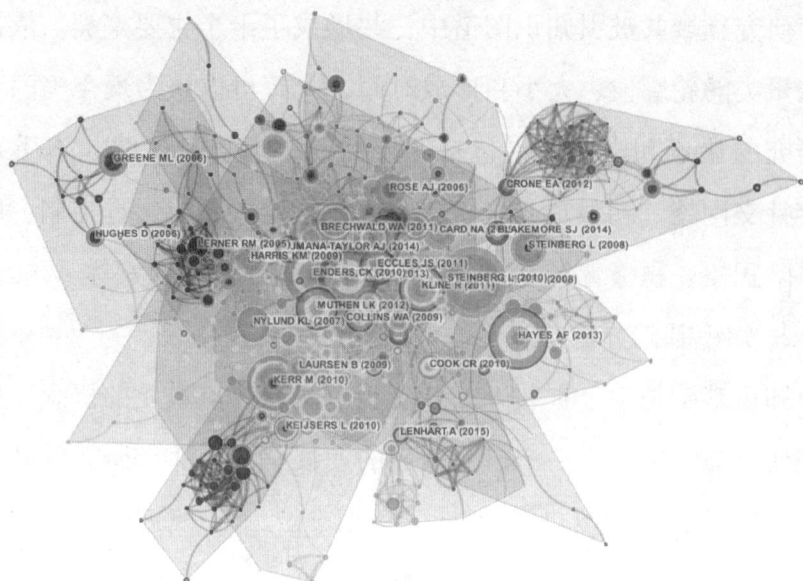

图 6.2　美国四种青年研究类学术期刊文献共被引知识图谱

时的发文单位美国堪萨斯大学）与俄亥俄州立大学心理学系安德鲁·F. 海耶斯教授在 2008 年合作发表的学术论文《在多个中介模型中评估和比较间接影响的渐进和重采样策略》。该文章属于一篇经典的研究方法论文，主要介绍了三种可用于研究中介变量的方法，以及在单个模型中比较两个或多个中介变量的方法。作者以社会化代理人的帮助对职工工作满意度的影响为案例，详细介绍了如何评估、比较多个潜在中介变量之间的关系。最为关键的是，论文作者还在文中附件部分提供了 SAS 和 SPSS 软件的"宏"命令，以及 Mplus 和 LISREL 语法，极大地方便了研究者在应用程序中使用论文中探究的这些方法。① 由于论文的科学性与实用性，该论文受到美国学术界的高度重视，2008 年发表以来的被引频数高达 9324 次，在目标期刊文献中的被引频次为 104，中心度为 0.63，居美国青年研究领域共被引期刊之首。

第二篇组成美国青年研究热点和前沿的经典文献是杜克大学儿童、家庭研究中心的惠特尼·A. 布雷什瓦尔德教授和北卡罗来纳大学教堂山分校心理学系、耶鲁大学心理学系临床培训主任米切尔·J. 普林斯坦教授合作的学术论文《超越同质性：关于同侪影响过程解读的十年进展》，被引频次为 62，中心度为 0.47。该论文以文献综述的形式回顾了过去十年来（2000—2010 年），国际学术界对青少年同侪影响过程的多学科理解的实证研究结论和理论贡献。惠特尼和米切尔的研究指出，2000—2010 年，国际学术界对同侪影响过程的研究主要包括五个研究主题：同侪影响行为范围的扩大、同侪影响来源的区分、探究同侪影响被放大/减弱的条件（调节因素）、基于理论的同伴影响过程（机制）模型验证、基于神经科学视角对同侪影响行为的初步探索。研究结论认为，从整体而言，国际学术界关于同侪影响的研究在过去十年中得到了极大的扩展，为该研究领域界定了诸多核心概念、研究方法和基本结论，但依然需要借助大数据等新技术加强对同侪影响

---

① K. J. Preacher, A. F. Hayes. Asymptotic and Resampling Strategies for Assessing and Comparing Indirect Effects in Multiple Mediator Models [J]. Behavior Research Methods, 2008, 40 (3).

的种族或文化差异等问题的研究力度。

节点轮廓值排在第三、第四和第五的基础知识论文均是探讨统计学和数学模型建构的研究方法类专著或论文。具体而言，第三篇经典文献美国亚利桑那州立大学心理学系的克雷格·K. 恩德斯教授所著的《应用缺失数据分析（社会科学方法论)》，被引频次为 60，中心度为 0.44。该书对量化研究中的缺失数据分析、处理进行了深刻的理论分析，同时给出了常用的几种缺失值处理方法。该书在美国心理学和社会行为学的科研人员和学生中有较大影响力。第四篇经典文献是俄亥俄州立大学心理学系安德鲁·F. 海耶斯教授所著的《中介、调节和条件过程分析：基于回归的方法的介绍》，被引频次为 60，中心度为 0.40。该书也是一本关于量化研究方法的专业著作。全书共有 14 个章节，总共分为五个部分：第一部分包括第 1—2 章，主要介绍了适度和中介分析的概念，同时概述了普通最小二乘回归分析和线性建模思维的哲学基础；第二部分包括第 3—6 章，主要分析了三个变量的线性回归模型、多变量混合模型以及多中介模型的基本原理和建模方法；第三部分包括第 7—9 章，重点分析和介绍了模型的适度性问题；第四部分包括第 11—13 章，主要是关于中介变量和调节过程的概念解释和操作介绍；第五部分为第 14 章，主要是作者对读者常见问题的回答，以及论文撰写、投稿的经验交流等。第五篇则是美国 Muthén & Muthén 公司高级工程师 L. K. 穆森与加州大学洛杉矶分校教授本特合作的有关 Mplus 多元统计模型分析软件的使用说明，

《MPLUS 用户指南》。

除此之外，还有美国明尼苏达大学儿童发展研究所教授 W. 安德鲁·柯林斯等人合作发表的学术论文《青年的浪漫关系》；英国剑桥大学教授汤姆·斯尼德斯等研究人员联合发表的《基于随机行为的网络动力学模型》；美国密歇根大学社会学系教授埃里克森（J. S. Eccles）与波特兰州立大学教授罗伯特·罗瑟联合发表的学术论文《学校作为青春期的发展环境》等都是美国青年研究领域中聚焦青年社会关系的经典高被引文献，也是目前美国青年研究前沿热点知识基础的重要组成部分。

三、研究结论与启示

（一）研究结论

通过对 2009—2019 年美国四种青年研究类学术期刊发表的 3233 篇青年研究论文进行 CiteSpace 的统计分析与知识图谱呈现，较为直观地揭示美国青年研究的基本现状，得出了以下结论。

第一，从总体看，本研究所选的美国四种青年研究类学术期刊在被引频次、H 指数、SSCI 分区等影响力关键指标上都表现良好，在一定程度上反映出美国青年研究的整体实力处于世界领先水平，青年研究的学术成果也具有较大的国际影响力。特别是《青年与青春期杂志》和《青年与社会》两本期刊所刊发的学术成果，在数量和质量上都保持了绝对的领先优势，不仅在美国而且在国际青年研究领域都拥有很大的学术影响力。

第二，在高产作者和标志性学术机构方面，塔夫茨大学的勒纳（Richard M. Lerner）、亚利桑那州立大学的厄普德格夫（Kimberly A. Updegraff）、宾夕法尼亚州立大学的苏珊·马克西尔（Susan M. McHale）、得克萨斯大学达拉斯分校的皮奎罗（Alex R. Piquero）、加州大学洛杉矶分校的富林尼（Andrew J. Fuligni）和迈阿密大学施瓦茨（Seth J. Schwartz）等学者都是美国青年研究领域的高产作者，论文的影响力也较高，他们的学术研究活动也在很大程度上反映了美国青年研究学界的发展趋势。在标志性研究机构方面，宾夕法尼亚联邦高等教育系统、加利福尼亚大学系统、亚利桑那州立大学、得克萨斯大学系统和北卡罗来纳大学在美国青年研究领域中的发文量和影响力较高，是美国青年研究学术界具有较强代表性的标志性研究机构。同时，美国青年研究机构也逐步形成了三大类学术机构凝聚子群合作集群，三大类凝聚集群之间及其各自内部的合作不紧密，而是处于松散媾和的非制度化合作状态。

第三，美国青年研究的研究热点和学术主题主要聚焦在五个方面：少数族裔青年发展、青年不良社会行为、青年不良心理问题、青年学校教育问题、青年积极发展理论等。研究的前沿主要涉及社会身份认同、种族歧视、网络欺凌、校园欺辱、吸毒、青少年自残、父母教养方式、家庭社会资本、STEM 教育等。

第四，形成上述研究热点和学术前沿的高被引经典论文也组成了美国青年研究的主要知识基础，其中主要包括《在多个中介模型中评估和比较间接影响的渐进和重采样策略》《应用缺失数据分析（社会科学方法论）》《中介、调节和条件过程分析：基于回归的方法的介绍》《青年的浪漫关系》等。

（二）启示建议

1. 研究观念

从消极青年发展观转向积极青年发展观。积极青年发展观的确立，不仅是发展心理学在理论和研究范式上的重大突破和转变，而且更是一种新的青年发展观念的确立，强调每一个青年都具有积极发展的潜质和可能。这也意味着把青年视为积极发展的因素而不是问题的制造者和破坏者，政策和社会的关注点从"预防"青年犯错向支持和促进青年健康、积极发展。[1] 基于本书关于美国四种青年研究类学术期刊文献的分析结果，美国青年研究界已经开始高度关注积极青年发展的相关理论探究，"积极青年发展"已经成为美国青年研究中的高频核心关键词汇。例如，青年研究的基本理论，微环境对青年个体积极发展的作用机制、影响因素等也都成为目前美国青年研究的学术前沿。在美国青年研究的经

---

① C. Theokas, R. M. Lerner. Observed Ecological Assets in Families, Schools, and Neighborhoods: Conceptualization, Measurement, and Relations With Positive and Negative Developmental Outcomes – Applied Developmental Science – Volume 10, Issue 2 ［J］. Applied Developmental Science, 2006, 10 (2).

典文献中，《积极青年发展的 5C 模型：验证性因子结构和测量不变性的纵向分析》《论青年积极发展的 4H 研究》《团队合作的再思考：积极青年发展理念的流行和本土化意义》等都对积极青年发展理论及其应用进行了分析。就我国青年研究而言，也应密切关注和引领国际青年研究的学术前沿，树立积极青年发展观念，加快世界积极青年发展理论的中国化，为我国青年健康、积极发展创造条件。

2. 研究方法

提高青年研究的学术理论与现实问题的科学化与实证量化研究水平。本书的研究结果显示，美国青年研究界的学者十分关注行为科学、心理学的实证研究方法，如结构方程模型、多层线性模型、多元回归、纵向因子分析等都是本研究中出现的高频词汇；通过对不同时间段，美国青年研究核心经典文献的内容分析发现，最近十年间，美国青年研究领域的学者们在研究方法上的科学化水平在不断提高，由最初的问卷、访谈，开始转向准心理实验、心理测量、专业访谈等更加严谨的实证量化研究方法。此外，越来越多的质化研究方法也开始与量化研究相结合，呈现出混合研究的发展趋势。研究方法的选用是与研究问题相匹配的，美国青年研究在研究方法上所表现的"量化为主，兼具混合"的特点，是与美国青年研究学界所关注的微观应用问题相一致的。相对而言，我国的青年研究较少涉及微观问题，使用实证量化研究方法的比例也偏低。所以，今后我国青年研究界应提高研究的现实感，突出问题导向，加强我国青年事业发展中遇到的"具体实践问题"和青年群体突出的"微观问题"研究，以更加科学、规范的现代科学研究范式扎实地开展研究工作，从而进一步夯实学科的知识积累和学科体系建设，以高水平的中国青年研究学科体系支撑我国青年事业的高水平发展。

3. 研究主题

突出问题导向，持续聚焦青年群体出现的突出现实问题。美国青年研究对青年群体突出的社会行为与心理问题给予了高度的关注，既有在不同的时代背景下，美国青年出现的新问题（如STEM教育、网络暴力、同性恋行为等），更有很多具有普遍性的基本问题（如种族歧视、校园欺辱、家庭社会资本等）。研究主题的时间线性分析结果显示，美国学者对上述问题的研究保持了较高的持续性、系统性，研究成果之间的层层深入关系也较为突出，对于美国青年群体的典型问题研究已基本形成了一个较为稳定的研究学术共同体与知识基础。相对而言，我国的青年研究领域的学者和研究人员迫于论文发表的压力，过于关注了研究的"话题性"，一些研究者过分追捧有关青年群体的新兴互联网现象、流行术语、亚文化等容易"蹭热点""赚流量"的即时性研究，反而忽视了对我国青年群体长期和普遍的问题进行深度理论分析。总之，我国青年研究在知识的积累、研究内容的提炼、研究成果的社会价值实现等方面，依然有较大的提升空间。

4. 研究机制

突出协同创新，强化机构合作研究。随着科技进步和信息时代的到来，多主体、跨行业合作进行知识生产已成为当前主要的知识生产模式，这也是美国青年研究处于国际领先地位的基本经验。本研究的结果也显示，美国青年研究机构已经形成了三大类凝聚子群，学术机构之间也初步形成松散媾和的非制度化合作状态，高产作者之间也形成了多个跨学科合作的学术共同体，有助于发挥科研生产和学术理论研究的"集群效应"，保障了美国在国际青年研究领域中的竞争力和话语权。因此，我国要借鉴美国的青年研究，利用学术共同体提升科研集群效应的策略，化解我国青年研究中存在的"小作坊生产"、重复研究等问题。搭建跨学科、跨领域的科研合作平台，鼓励高校、科研机构破除"门派偏见"和部门利益，提炼形成跨学科、跨行业、跨区域的青年研究协同创新学术共同体和更加开放灵活的科研合作机制。

第七章　近十年国际青年研究的现状与趋势

　　随着青年群体在国家发展和国际竞争中的作用日益凸显，作为社会科学研究重要组成部分的青年研究也受到学界关注。高水平的青年发展事业，需要高水平的青年研究提供智力支持。肇始于西方的青年研究一直在国际青年研究中占据主导地位，对世界青年研究的学科发展和知识创新产生较大影响，并间接作用于各国政府的青年发展政策。英国作为欧洲青年研究的传统高地对欧洲和世界的青年研究影响颇深，因此，把握近十年来国际青年研究的发展现状和未来走势，对于开拓我国青年研究者的学术视野、推进研究方式方法的变革、丰富我国青年研究学科建设的知识体系等具有重要意义。

一、数据来源与研究方法

（一）数据来源

目前，图书情报学的"文献分散规律"是世界各大学术"核心期刊目录"确立的重要理论基础。该理论认为，学术界关于某一领域或问题的科研论文基本上都会集中刊发在少数的学术杂志上，而这些学术期刊最终形成了"核心期刊"。理论上，这些核心期刊所刊发的论文基本代表了该研究领域的整体状况和前沿成果，因此，一些高质量的学术权威期刊就成了研判某些研究领域现状与走向的显示器和风向标。根据美国科学信息研究所（The Institute for Scientific Information，ISI）2018 年发布的《期刊引用报告》（JCR），全球约有六种 SSCI 青年研究类学术期刊，这些期刊在期刊评价的诸多指标上均在全球青年研究类期刊中处于领先地位，属于国际青年研究领域中最为重要的顶尖学术期刊。其中，《青年研究杂志》在 2018 年的影响因子为 1.732，近五年的影响因子达到 2.195，在美国科学信息研究所对论文影响分值（Article Influence Score，AIS）的研究报告中，其得分为 0.566，远高于同类国际学术期刊。在国际青年研究和社会学界都较大的影响力，基本可以代表国际青年研究的总体情况。

该期刊是由英国泰勒－弗朗西斯出版集团（Taylor & Francis

Group）同英国顶尖名校格拉斯哥大学（University of Glasgow）和哈德斯菲尔德大学（University of Huddersfield）于 1998 年联合创办，是面向全球青年和国际青年学者的领先高水平学术期刊。该刊物凭借广阔的国际视野和跨学科的高水平青年研究成果，在 2002 年就进入 SSCI 目录，成为展示全球青年研究学术成果的国际学术平台。

因此，本研究以《青年研究杂志》为研究对象，借助科学引文数据库 Web of Science 核心集合，在出版物名称检索中，以"Journal of Youth Studies"为字段进行信息收集，对该期刊2008—2019 年刊载的论文信息进行保存和整理。在剔除会议综述、书评、通讯、勘误等非学术研究文章后，共获得符合研究目的和学术规范的有效数据833 条（检索时间为 2019 年 10 月 31 日）。十年间，该期刊发文量逐年增长，从 2014 年起，该期刊发文量进入快速增长阶段，2019 年的发文量为114 篇，是 2008 年发文量的近三倍。这从侧面反映出国际学术界对青年研究的关注度增加，研究人员和论文产出扩大，国际青年研究的整体态势良好，如图 7.1 所示。

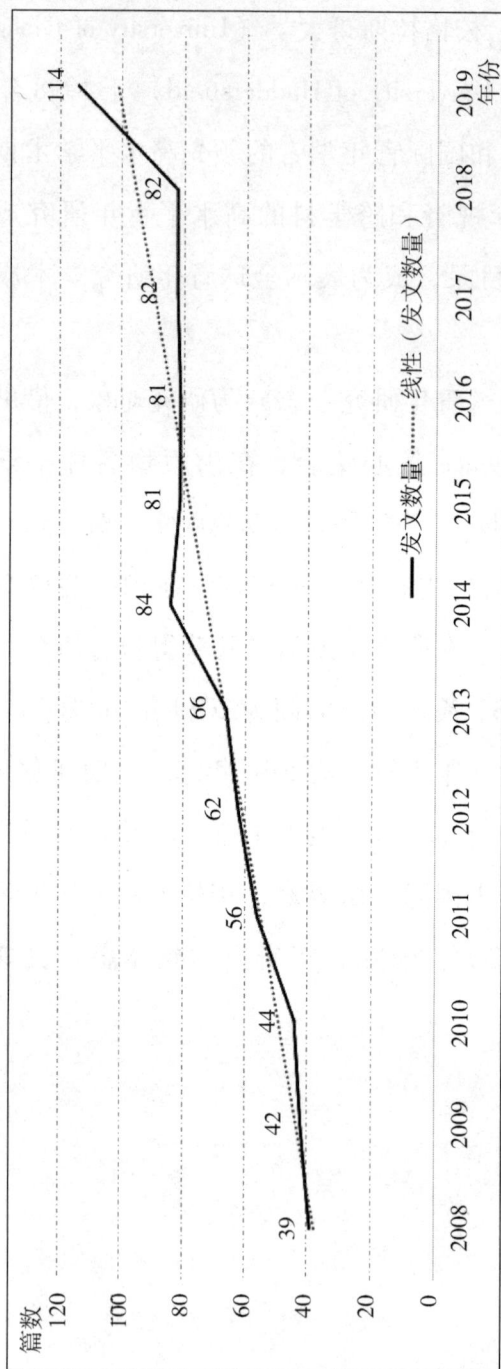

图7. 1 《青年研究杂志》2008—2019 年的年度发文量

（二）研究方法

本研究采用美国德雷塞尔大学（Drexel University）陈超美教授基于 java 编程语言开发的信息可视化软件 CiteSpace，对所选期刊的 833 篇文献进行知识图谱分析和可视化处理，从而揭示科学知识领域的研究热点和前沿趋势。[①] 在具体的研究方法上，则采用量化研究与质性研究相结合的混合研究，借助文献计量学的词频分析、引文分析等常用技术，从核心作者、研究机构、知识基础文章等角度对研究文献进行量化分析，同时利用质性研究对核心文献和关键信息进行阐释和补充。本研究的整体设计主要包括三个层面：一是，国际青年研究的基本现状研究，主要包括核心作者群、作者所在国家（地区）及机构分析；二是，国际青年研究的研究主题分析即以论文高频关键词与研究核心主题分析为主；三是，国际青年研究的学科研究前沿趋势分析。

二、研究结果分析

（一）核心作者群分析

在现代学科发展进程中，对学科基础知识积累和学科整体建

---

① 李杰. CiteSpace 科技文本挖掘及可视化［M］. 北京：首都经济贸易大学出版社，2016.

设做出较大贡献的作者常常被认为是该学科或领域的核心作者，核心作者在数量上的集聚就会产生核心作者群。高水平论文的发文数量一直是核心作者的界定的关键指标，因为，研究人员的高水平论文产出数量不仅代表着研究者在某学科或问题领域的学术能力，而且高产科研群体本身也可以引领本学科的研究前沿和发展趋势，对该学科的其他研究人员产生非常重要的影响和指导作用。[①] 美国文献计量学家普赖斯（Price）曾就核心作者的认定提出了著名的"核心作者定律"：核心作者群与所有作者之间所存在的数量关系，只有当有若干学者的发文量超过核心作者临界阈值 N（N 为核心作者群发文量的阈值，发文量超过 N 的作者即为核心作者）时，该领域的核心作者群才真正地形成。[②] 这一标准已经成为当前学界认定核心作者群体的主要依据。本研究的统计数据显示，发表论文最多的作者是澳大利亚纽卡斯尔大学 D. Farrugia，共发表论文 8 篇，即 nmax = 8。将其带入普赖斯定律公式可得到 N≈2，统计可以得出核心作者共有 98 位，他们共发表论文 219 篇，占总论文数的 26.29%。为了进一步掌握国际青年研究领域科研人员的研究能力和分布情况，本研究对《青年研究杂志》2008—2019 年发文量超过四篇的核心作者进行了统计，如表 7.1 所示。

---

① 陈超美. CiteSpace Ⅱ：科学文献中新趋势与新动态的识别与可视化 ［J］. 陈悦，侯剑华，等译. 情报学报，2009（3）.

② 马费成，胡翠华. 信息管理学基础 ［M］. 武汉：武汉大学出版社，2002：83 – 85.

表 7.1　《青年研究杂志》部分核心作者的发文量及学术影响力（发文量≥4）

序号	作者	所在机构	篇数	最高被引	H 指数
1	D. Farrugia	澳大利亚纽卡斯尔大学	8	37	9
2	P. Kelly	澳大利亚肯尼迪大学	8	14	7
3	S. Roberts	澳大利亚莫那什大学	6	90	13
4	S. Threadgold	澳大利亚纽卡斯尔大学	6	43	6
5	J. Coffey	澳大利亚纽卡斯尔大学	5	37	3
6	R. Brooks	英国萨里大学	4	14	2
7	A. Cebulla	澳大利亚阿德莱德大学	4	8	3
8	A. France	新西兰奥克兰大学	4	48	4
9	L. McDowell	英国牛津大学	4	36	7
10	P. Nilan	澳大利亚纽卡斯尔大学	4	26	2
11	K. Roberts	英国利物浦大学	4	20	7
12	E. Smyth	爱尔兰经济与社会研究所	4	38	5

　　文献计量学普遍认为，只有在"约 10% 的杰出科学工作者发表的论文占全部学术论文的 50%"的时候，该学科或研究领域的高产核心作者群体才算真正形成。从表 7.1 可知，十年间，在《青年研究杂志》上发文四篇及以上的作者仅有 12 人，共发文 57 篇，占全部发量的 6.84%。同期发文量在三篇以上的作者有 25 人，共发表论文 94 篇，占总发文量的 11.29%。可见，目前国际青年研究领域的瞬时作者居多，高产作者较少，尚未形成核心作者群。但从表 1 所列论文的最高被引频数以及 H 指数分析，澳大利亚莫那什大学的 S. Roberts、澳大利亚纽卡斯尔大学的 D. Farrugia、英国牛津大学的 L. McDowell 等，均是对青年问题进行了长时间关注、成果丰硕的研究者，是当前国际青年研究领域中影响力较大的专家学者，

对该领域研究前沿热点发挥了引领作用。

（二）作者所在国家（地区）及机构分析

本研究所选的 833 篇论文共来自 64 个国家和地区，发文量靠前的国家多是以英文为母语、官方语言或者是国民整体英语水平较高的国家，再次表明语言因素是影响国际学术话语权的重要因素。从整体地域分布上可以发现，目前国际青年研究的学术中心依然集中在西欧、北美、北欧、澳大利亚等欧美发达国家，如表7.2 所示。

表7.2　《青年研究杂志》作者所在国家/地区分布（前十位）

序号	国家/地区	发文量	最大引用	H 指数
1	英格兰	186	179	26
2	澳大利亚	164	98	23
3	加拿大	88	183	12
4	美国	76	64	13
5	苏格兰	43	39	11
6	芬兰	34	32	10
7	瑞典	31	23	7
8	丹麦	28	32	7
9	西班牙	26	20	9
10	德国	23	41	8

具体来看，《青年研究杂志》刊发来自英格兰和澳大利亚的学术论文居多，共有349 篇，占总发文量的41.90%。其次为加拿大、美国、苏格兰等以英语作为母语的国家，前五位国家的合计

发文量为文章总数的 24.37%，总计 203 篇。芬兰、瑞典、丹麦、西班牙、德国等欧洲其他非英语国家则位居 6—10 名。在发文量超过十篇的核心论文高产国家（地区）中，没有来自东亚地区的国家，日本和韩国各发表五篇学术论文，我国大陆学者未在《青年研究杂志》上发表学术论文（以检索时间计）。

从不同国家（地区）发表论文的 H 指数分析，英格兰以 26 分排在第一位，紧随其后的是澳大利亚为 23，发文量在前五位的国家，其 H 指数均超过了 10。从整体水平看，论文数量和被引数量、学术影响力之间存在较为一致的相关性。

从较为微观的机构发文数量看，2009—2019 年，发文量排在前 7 位的机构中，有 3 个来自澳大利亚；在排名前 14 位的研究机构中，6 个来自澳大利亚，并且发文量都在 11 篇以上，表明澳大利亚的上述机构在青年研究领域中占据着重要地位。（见表 7.3）在学术影响力方面，澳大利亚的墨尔本大学、皇家墨尔本理工大学，英国的伦敦大学、牛津大学、纽卡斯尔大学等，均在 H 指数和最高被引用频次上表现抢眼，意味着这些机构是青年研究领域中的学术权威机构，在该领域中也拥有较高的国际学术话语权。

表 7.3　《青年研究杂志》作者所在机构的发文量及学术影响力（发文量≥10）

序号	发文机构	所在国家/地区	篇数	最高被引	H 指数
1	墨尔本大学	澳大利亚	24	98	10
2	伦敦大学	英格兰	21	179	7
3	莫纳什大学	澳大利亚	18	30	8

序号	发文机构	所在国家/地区	篇数	最高被引	H 指数
4	多伦多大学	加拿大	15	17	7
5	纽卡斯尔大学	英格兰	14	42	7
6	皇家墨尔本理工大学	澳大利亚	13	67	8
7	赫尔辛基大学	芬兰	12	32	7
8	昆士兰理工大学	澳大利亚	11	22	7
9	利物浦大学	澳大利亚	11	21	4
10	牛津大学	英格兰	11	51	7
11	新南威尔士大学悉尼分校	澳大利亚	11	26	5
12	坦佩雷大学	芬兰	11	18	4
13	格拉斯哥大学	苏格兰	10	15	6
14	奥尔堡大学	丹麦	10	9	4

（三）论文高频关键词与研究核心主题分析

关键词是学术论文中最能揭示研究主题、反映主题信息特性的词汇或短语，是检索科研成果的必备元素，可以通过关键词统计分析某一时期某个领域研究现状的总体特征、学术热点和发展趋势。[1] 本研究借助 CiteSpace 软件对选定的 833 篇样本文献进行了关键词贡献分析，经过分析整理，同时剔除"青年""年轻人""孩子"等不具有实际研究价值的词语，选取了频次大于 20 的高频关键词共计 26 个，详见表 7.4 所示。

---

① 赵新亮，张彦通. 近十年国际高等教育研究的现状及发展态势——基于英国《高等教育研究》期刊的载文分析 [J]. 高教探索，2015（8）.

表 7.4 《青年研究杂志》论文的高频关键词、频次及中心性统计（频次≥20）

序号	关键词	频次	中心性	年份
1	过渡	207	0.37	2008
2	身份	198	0.23	2008
3	性别	116	0.22	2008
4	风险	80	0.17	2008
5	教育	76	0.18	2008
6	健康	67	0.16	2008
7	青年文化	59	0.15	2008
8	成年初显期	54	0.10	2008
9	公民身份	50	0.09	2008
10	倾向	42	0.07	2008
11	政治	42	0.08	2008
12	社交课	42	0.02	2008
13	就业	42	0.14	2008
14	工作	39	0.03	2008
15	学校	38	0.04	2008
16	参与	36	0.05	2008
17	学生	34	0.08	2012
18	态度	34	0.12	2009
19	家庭	32	0.06	2008
20	行为	31	0.03	2010
21	学校教育	28	0.03	2008
22	心理健康	26	0.02	2009
23	地方	26	0.03	2009

序号	关键词	频次	中心性	年份
24	种族	20	0.02	2011
25	经验	20	0.02	2017
26	成年	20	0.01	2013

根据表 7.4 的统计结果可知，词频高于或等于 50 次的核心关键词共有九个，分别是"过渡""身份""性别""风险""教育""健康""青年文化""成年初显期"和"公民身份"，集中反映出目前国际青年研究界对青年群体向成年过渡过程中出现的问题和现象较为关注，同时，涉及青年身份认同、性别差异、教育、健康、社会文化等方面的主题则是研究的热点。为了进一步提炼国际青年研究的核心主题，本研究又在现有基础上绘制了相应的关键词知识共现图谱，为深入探索青年研究具体的核心研究主题、热点问题、研究范式等提供了可能。

CiteSpace 的关键词共现图谱是利用关键词节点的大小来反映关键词的重要程度，节点越大表明该关键词越能代表该研究的热点主题。其中，最大的关键词节点是"过渡"，其次是"身份"。结合具体文献可以发现，在当前的青年研究领域中，青年向成年的过渡是青年研究界十分关注的问题，这主要是由青年群体的特殊性所决定的。在国际青年研究学术界看来，青年群体处于个体社会化发展的"尴尬期"，他们虽然脱离了年幼的儿童期，却又不被成熟的成年人世界所接受，是一个相对"孤单"的群体，因此，青年群体出现特殊身心问题和反社会行为的频率较高。① 而次一级较大的关键词节点则是"性别""教育""社会""健康""社交课"等，这也表示青年研究领域中较为常见的研究方向，主要是从教育学、社会学、生理学等角度对于青年群体表现出的现象、问题、规律和差异进行分析研究，一定程度上显示出青年研究的跨学科和多学科的研究视角。

此外，本研究继续对关键词聚类和主题词突现进行了综合叠加分析（见表7.5），通过分析高频关键词之间的紧密程度来深入挖掘更多的隐藏信息，进而更加准备和细致地刻画当前国际青年研究的前沿学术热点。

表7.5 基于关键词聚类的《青年研究杂志》研究主题划分

聚类	大小	轮廓值	平均年份	标签词（TFIDF）	标签词（LLR）	标签词（MI）
0	55	0.793	2008	案例；年轻	政治参与；政治文化	公民能力；学生运动
1	53	0.728	2010	风险；家庭背景	酗酒；危险行为	青年知觉；教育系统
2	52	0.689	2011	社会包容；社区关系	社会孤立；青少年压力	边缘化青年；积极青年发展
3	51	0.701	2008	网络素养；数字原生	变化的世界；互联网	社会支持网络；社交媒体

综合表7.4、表7.5和共现关键词聚类知识图谱的相互关系

---

① S. 南达. 文化人类学［M］. 西安：陕西人民教育出版社. 1987：45.

分析可知，当前国际青年研究的研究热点和学术前沿主要是围绕青年的社会行为和身心健康问题，利用社会学、心理学的知识进行实证研究和理论阐释，大致可以归纳为以下四个方面。

1. 关注青年的政治生活和政治行为问题

西方青年研究自产生之日起就与青年的政治文化、青年对特定政治事件的态度，以及由此引发的青年政治行为有着密不可分的关系。20世纪中期的美国越战、美苏对抗等一系列政治事件，直接引发了大规模的学生抗议运动，都成为社会学、政治学、心理学等学科领域研究者关注青年群体，促成"青年学"和"青年研究"产生的重要原因。在2008—2019年的国际青年研究的成果中，青年的"政治参与、政治文化、公民能力、学生运动"等关键词成了青年研究领域的热点，而"案例"这次高频关键词则表明，大部分有关青年社会政治的研究多采用案例研究的方法进行。

2. 青年较为典型的不良行为

该研究主题主要关注容易引发青年心理、身体风险的不良行为。例如，青年酗酒、暴力、欺凌、危险驾驶等关涉青年身体健康的研究主题。家庭背景、学校（社会）教育系统、青年认知模式等视角都是该研究主题常用的问题切入点。此外，也有少量的临床医学、认知心理学等偏向医学和生理学的学术论文也被纳入青年研究领域的研究成果，体现了国际青年研究的高度的开放性和多元化特征。

3. 青年的社会化发展

该主题主要是从青年与社会的角度分析青年在社会化进程中表现出的诸多问题和现象，包含四个具体内容：第一，青年与成人（父母）关系的研究，涉及成人世界对青年需求的忽视、边缘化青年、社会对青年群体的包容等问题；第二，青年群体内部的同伴关系以及青年社会关系中的性别差异问题，如青年的恋爱关系、同伴关系带来的青少年压力、青年男女在社会化过程中表现的差异；第三，青年与社区发展，从传统社区管理、建设等角度出发，探讨青年在传统社区中面临的社区关系、社会孤立等问题；第四，积极青年发展，主要是采取积极青年发展的理论视角去研究青年在社会化进程中面对的问题，避免将青年当作问题群体，而是把青年视为积极的发展因素，以及国际青年研究领域内的一个较新的研究方向和趋势。

4. 互联网环境下青年社会交往和教育问题

以互联网为基础的信息时代，带来了传统社会行为方式、人际关系模式、教育内容和人才培养素质的彻底变革，这也成为当前青年研究的重要研究热点。关于青年的网络素养、社交媒体、变化的互联网环境中青年的社会支持网络、青年的数字（数学）能力和 STEM 核心素养等，都是国际青年研究界关注的议题。

（四）青年研究学科研究前沿趋势分析

在文献计量学中，研究前沿在本质上是指特定研究领域中研究人员所积极引用的文章主体，即最为核心的被引文献。美国科学文献计量学家普赖斯最先提出了"研究前沿"的概念，并且指出"一个研究前沿大概由 40～50 篇最近发表的文章组成"。① 这些被视为"研究前沿"的经典被引文献，在学科发展和知识积淀中具有重要的作用，研究前沿的分析是建立在突现词、共被引频次和施引文献的综合分析基础之上的。依据上述基本原则，本书利用 CiteSpace 软件首先对所选文献进行引文分析并绘制了相应的文献共被引网络知识图谱（Q = 0.678 > 0.3，平均轮廓值 = 0.174），在此基础上结合突现节点报告和施引文献进行了青年研究的学科研究前沿分析。

该图共有节点 464 个，连线 1969 条，较为突出的节点有 68 个，从被引频次和节点中心度的具体数值看，这些高被引文献很好地发挥了桥梁和纽带作用。这说明其对青年研究学科知识资源有着比较好的控制力，而且这些节点成为网络中由一个时间段向另一个时间段过渡的关键点。② 针对若干最为突出的节点，本研究结合相关来源关键词（突现词）、施引文献信息和突现节点文献的被引频次折线，并整理出排在前十位的关键文献（见表7.6），以进一步分析和确定国际青年研究的具体学术前沿情况。

表 7.6 所列出的关键节点文章均是近些年来在青年研究领域

---

① 赵新亮，张彦通. 近十年美国高等教育研究的现状、热点与趋势——基于美国 5 种 SSCI 高等教育期刊的可视化分析 [J]. 中国高教研究，2015（10）.

② 侯剑华，胡志刚，等. CiteSpace 软件应用研究的回顾与展望 [J]. 现代情报，2013（4）.

中起到研究前沿变化的突变文献，同时也是广受研究者关注、对青年研究学科知识积累起到奠基作用的经典文献。结合上述文献被引突变的时间和被引历史折线，可大致将青年研究的学科研究前沿划分为三个基本趋势：增强趋势、减弱趋势和新兴趋势。①通过对突变节点文献具体内容、主题思想的挖掘，利于我们对国际青年研究的学术热点和研究前沿演进、发展进程的把握。

表7.6　《青年研究杂志》文献共被引中重要的突现节点论文信息

序号	被引频次	突现率	年份	作者	论 文 题 目
1	69	6.91	2011	S. Robert	*Beyond "NEET" and "tidy" pathways：considering the "missing middle" of youth transition studies* 《超越"尼特族"和"乖孩子"的路径：青年过渡研究中"缺失的中间阶层"》
2	63	6.87	2006	A. Furlong	*Not a very NEET solution：representing problematic labour market transitions among early school-leavers* 《这并非一个特别"尼特族"式的解决方案：它代表了早期离校学生与劳动力市场转型之间存在问题》
3	13	6.25	2008	S. Popp	*"do you feel excluded?" the subjective experience of young state benefit recipients in Germany.* 《"你觉得被排斥了吗?"德国年轻的国家受益人主观体验研究》

---

① Chen C. CiteSpace Ⅱ：Detecting and visualizing emerging trends and transient patterns in scientific literature ［J］. Journal of the Association for Information Science & Technology，2014，57（3）.

序号	被引频次	突现率	年份	作者	论文题目
4	91	9.03	2006	Shildrick T; R. MacDonald	*In Defence of Subculture：Young People，Leisure and Social Divisions* 《捍卫亚文化：年轻人，休闲和社会分裂》
5	80	5.81	2009	D. Woodman	*The mysterious case of the pervasive choice biography：Ulrich Beck，structure/agency，and the middling state of theory in the sociology of youth.* 《〈无处不在的选择传记〉的神秘案例—乌尔里希·贝克：结构、代理以及青年社会学理论的中庸状态》
7	20	5.38	2008	Banaji，Shakuntala	*The trouble with civic：a snapshot of young people's civic and political engagements in twenty-first – century democracies* 《公民烦恼：21 世纪民主国家的年公民及其政治参与的速写》
8	57	5.26	2011	A. Furlong	*Changing times，changing perspectives：Reconciling "transition" and "cultural" perspectives on youth and young adulthood.* 变化的时代，变化的视角：调和青年、青年成年期研究中的"过渡"与"文化"视角
9	154	13.22	2005	J. Bynner	*Rethinking the Youth Phase of the Life – course：The Case for Emerging Adulthood?* 《重新思考生命历程的青年阶段：初显成人期的案例》

1. 青年研究的增强趋势

增强趋势的研究前沿在整体上呈现出被引用频次的上升趋势，具有被引时间跨度长、被引频次多、突现率明显的特征。在国际青年研究中，青年向成年人过渡的青年社会化问题是一个十分重要的研究方向，其中有关"初显成人期"、青年亚文化和"选择传记"的相关研究最为突出。伦敦大学的宾纳（Bynner）在 2013 年发表的论文《重新思考生命历程的青年阶段：初显成人期的案例》是突变性和被引频次均最高的文章。如图 7.2（a）所示，可知其属于典型的渐强趋势，该论文也是英国学者关于"初显成人期"的重要研究成果。论文在美国学者杰弗瑞·阿内特的"初显成人期"理论基础上，从更加宏观的时代背景和社会环境视角，利用 1946 年、1958 年和 1970 年时，英国 30 岁群体的样本数据，对英国青年"初显成人期"在社会资本、家庭婚育、政治倾向等方面变化及其对传统社会结构的影响等进行了分析和探讨。同时，论证了欧洲社会青年的"初显成人期"在后现代社会中所受的结构因素和排斥机制，重新评价了"初显成人期"概念在青年人生发展轨迹中的属性和价值。从 2005 年开始，"初显成人期"就开始被不断引用，2013—2016 年的被引频次分别高达 12 和 16 次，说明近些年来国际学界对"初显成人期"的研究一直呈现出明显的渐增趋势。

在突现率和被引频次都排在第二位的是德瑞克与麦克唐纳合作的论文《捍卫亚文化：年轻人、休闲和社会分裂》，该文章对亚文化理论和后亚文化研究之间的争论做出了进一步的分析。德瑞克等认为，后亚文化研究特别关注音乐、舞蹈等方面所体现出的青年文化的风格特点，却忽视了与大部分年轻人相关的文化身份、社会经历等因素的更全面、更准确的探索。后亚文化受到后现代主义思潮的重要影响，其研究重点在于解释新兴青年群体的特定行为，但是降低了社会阶层分化所带来的现代社会的分裂问题。作者最后指出，对于后亚文化要进行"扬弃"，吸收后亚文化研究的新方法和新观点，同时，更要加强对文化与社会结构之间关系的研究，从这种关系中去阐释青年的个体社会化过程。其被引频次在 2013 年开始陡增，2016 年出现第二次应用高峰并持续至今［见图 7.2（b）］，可以界定为增强趋势。

关于青年社会学中的"选择传记"（choice biography）研究是青年研究的最后一个增强趋势。其中主要以《〈无处不在的选择传记〉的神秘案例——乌尔里希·贝克：结构、代理以及青年社会学理论的中庸状态》为代表。这篇文献围绕着贝克提出的社会学概念"选择传记"进行研究和讨论。"选择传记"是德国著名社会学家乌尔里希·贝克（Ulrich Beck）在分析青年步入成年过程时所采用的一个术语。贝克认为，青年人在步入成人生活时，不应该按照阶级、阶层、家庭环境等这些"僵化""非此即彼"的第一次现代化理论进行分析，而是应该将其视为青年人在进行"强制的个体化"的一个过程，是风险社会中，青年人进行去制度化、强化不确定性、体现自我意识和再制度化的过程。因此，青年人的成长不能被机械化地理解为受社会因素决定的传统"编年体传记"，而应该视为青年自我个体化的"选择传记"。伍德曼（Woodman）教授经过研究后认为，贝克的"选择传记"概念在表述上存在夸张和逻辑混乱的问题，传统传记的说法依然存在合理性。如图 7.2（c）所示伍德曼论文的引用从 2009 年开始增加，2013—2015 年的被引用频次出现激增。因此，我们可以判定，"选择传记"研究是国际青年研究领域中的一个呈现增强趋势的研究前沿。

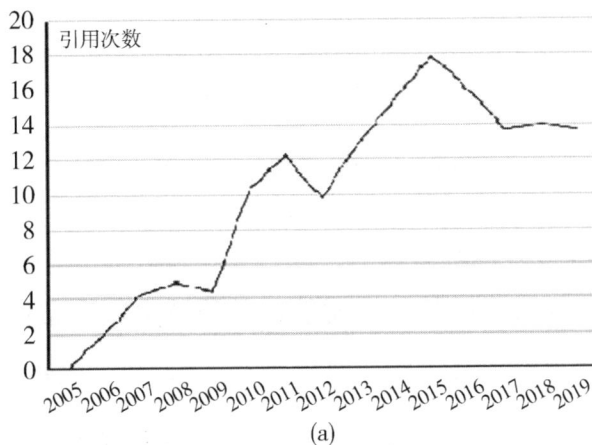

(a)

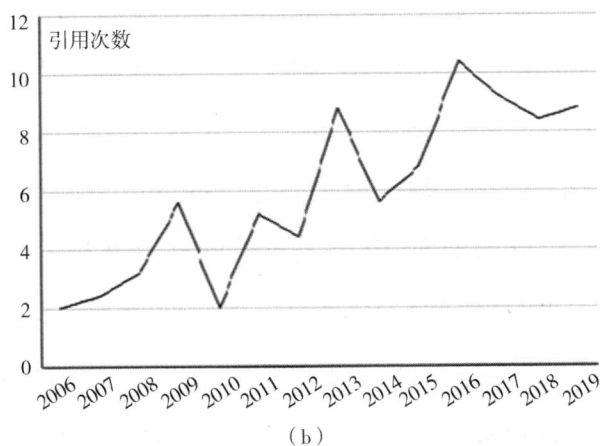

（b）

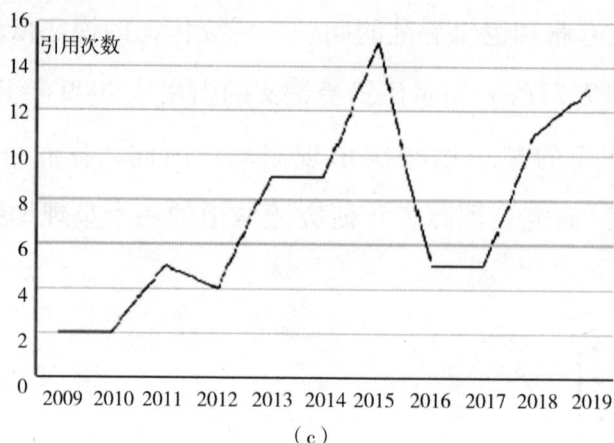

（c）

图 7.2 增强趋势节点文献的被引历史折线图

2. 青年研究的减弱趋势

减弱趋势的节点文献是指文献每年的被引频次整体呈现出下降趋势的高突现性文献，这些研究文献本身是构成该研究领域知识基础的经典论文，但是由于学者们研究兴趣的转向，呈现减弱趋势的研究文献就表示正在衰减的学术研究前沿。巴纳吉（Shakuntala Banaji）发表的学术论文《公民烦恼：21 世纪民主国家的青年公民及其政治参与的速写》，聚焦当代欧洲青年的"政治冷漠"问题。巴纳吉教授借助青年互联网政治参与项目"Civicweb"，同时以英国的 80 个公民政治网站及其相关辅助机构在 2007 年 1 月至 8 月举行的青年团体、青年政治活动为样本，来解释为何青年在互联网上的政治参与积极活跃，但却对现实生活中的政治选举、讨论表现得冷漠。巴纳吉在文中指出，生活环境、教育背景、种族文化差异等因素促使现代青年的多样化发展，但是这些多样化因素并没有很好地被倡导集中、统一的现实政治制度所考虑，从而限制了青年人自由与多元的表达和意见领袖的产生。而互联网的便利、即时和包容性反而迎合了当代青年的政治表达诉求。波普（S. Popp）所著的学术论文《"你觉得被排斥了吗?"德国年轻的国家受益人主观体验研究》，作者基于德国就业研究所（IAB）2005 年的《生活环境与社会保障调查》，对接受国家贫困补贴的 18 名 24 岁青少年进行了 1783 次访谈，探究接受国家贫困补助与社会排斥的主观体验之间的关系。研究结果显示，在接受调查的年轻人中，有很大比例的人确实经历过除国家福利依赖外的多重剥夺。他们中的许多人不仅受到经济压力的影响，而且还受到职业、教育条件差，失业和住房条件差的影响，但只有少数人因此感到被社会排斥；但当个体经历多重剥夺时，社会排斥的主观体验增加，而融入家庭生活则可以减轻青年人的社会排斥感。波普教授在研究最后建议，青年社会一体化的经验不仅取决于国家财政资源、就业等经济条件，而且还取决于社会环境。随着近些年来各国政府对青年政治冷漠、社会融入等问题的关注，特别是青年积极发展理论的兴起，国际学者们对青年政治冷漠、社会融入的研究开始降温。如图 7.3 所示，在引用频次上，上述两篇论文均在 2015 年出现引用峰值后，呈现整体引用趋势衰减的特征。

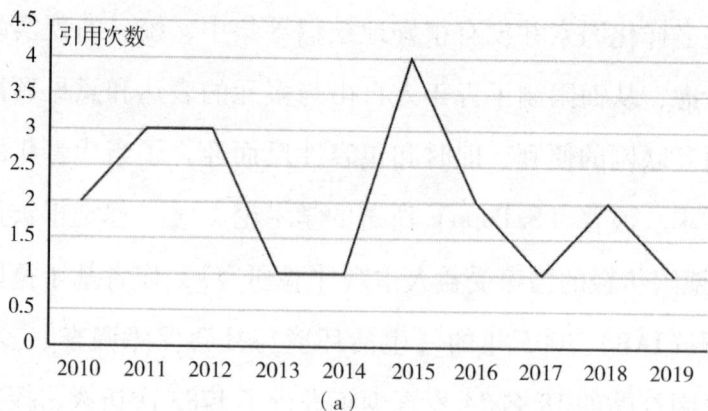
（a）

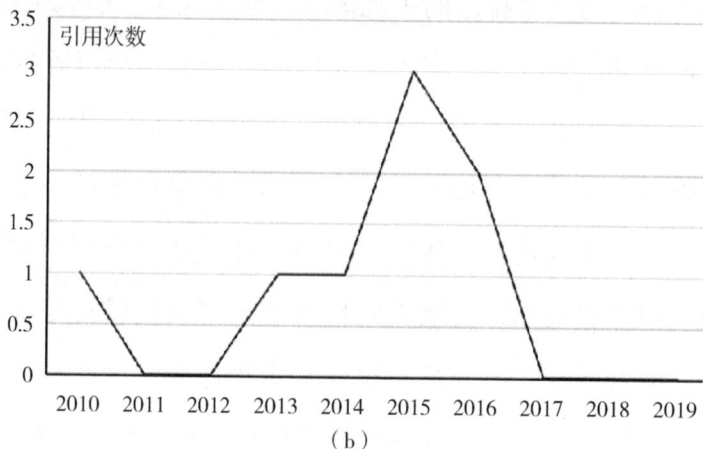
（b）

图 7.3 减弱趋势节点文献的被引历史折线图

3. 青年研究的新兴趋势

新兴趋势文献主要是指在最近几年发表的引用频次和突现率均较高的学术文献。与增强趋势文献较早地引起学界关注不同，该类文献的关注度是在最近几年才出现上升趋势。本研究的新兴趋势文献主要是在 2011 年后表现出被引用频次分布呈现年度的增长。这三篇论文，主要是从社会阶层、"尼特族"、社会文化等视

角，探讨青年向成年过渡的社会机制和发展路径问题。由图 7.4
（a）可知，罗伯特（S. Robert）的学术论文《超越"尼特族"和
"乖孩子"的路径：青年过渡研究中"缺失的中间阶层"》在
2013 年后开始出现大量的被引现象。罗伯特认为，青年向成年人
的过渡阶段应该超越目前大部分研究者所采用的"二分法"，即
将青年按照依靠父母的"尼特族"和进入高等教育的"乖孩子"。
他避开了传统的对青年二元分化的研究形式，即不再局限于尼特
族和乖孩子，而是通过第三条路的视角，去考察那些没有形成特
定符号的更为普遍且大众的青年群体（即传统青年研究中的"缺
失群体"），更为全面地涵盖了青年群体的内涵。

　　《这并非一个特别"尼特族"式的解决方案：它代表了早期
离校学生与劳动力市场转型之间存在矛盾》是格拉斯哥大学社会
包容与教学研究所弗朗（A. Furlong）教授关于"尼特族"研究
的经典作品。论文以苏格兰中学毕业生调查为基础，探讨了"尼
特族"的不同定义方式对政府就业政策的影响，强调了"尼特
族"的普遍性，并分析了"尼特族"的新特点。作者更加深刻地
指出，"尼特族"反映出了当代青年的"脆弱性"，但是"尼特
族"的概念并不能有效地代表脆弱的青年和部分青年的脆弱性。
因此，学术界有必要考虑使用比"尼特族"意义更加准确，或者
含义更加广泛的词语来概述青年的"脆弱性"，为帮助社会采用
更加有效、深刻的措施，来干预"青年脆弱性"提供理论基础。
如图 7.4（b）所示，该文献从 2014 年起开始出现被引用次数陡

增的新兴趋势。

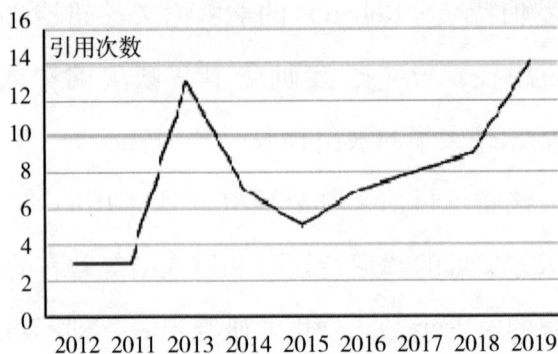

(a)

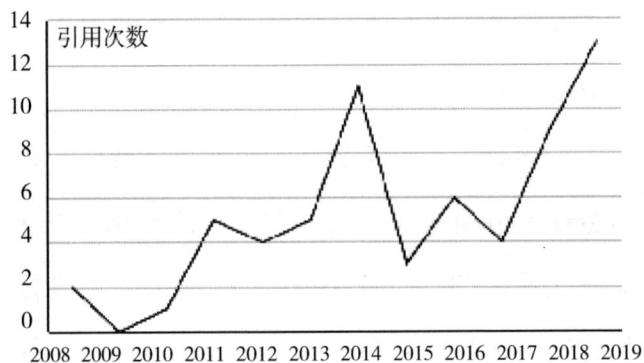

(b)

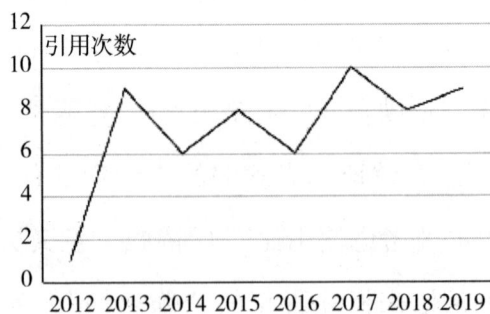

(c)

图7.4 新兴趋势节点文献的被引历史折线图

弗朗教授的另外一篇学术论文《变化的时代，变化的视角：调和青年、青年成年期研究中的"过渡"与"文化"视角》也是经典的代表青年研究新兴趋势的文献，特别是从 2013 年开始，该论文在国际青年研究学界中的被引就呈折线上升的趋势。［见图 7.4（c）］弗朗教授从青年社会学方法论的角度，分析了青年研究中"社会转型"与"社会文化"两种理论范式之间不断变化的关系。作者追溯转型理论与文化视角之间关系后认为，由于社会管理方式、环境的融合、青年对新意义的探索和自我意识的瞬间变化等原因，使得维持"结构分析"（社会转型论）和"文化分析"之间的理论区别变得更加困难，也让二者的趋同与融合成为今后的发展方向。这也为青年社会学如何利用社会生成方法开展新的研究提出建议。

综合上述研究趋势的分析可以发现，目前国际青年研究的前沿热点主要集中在"青年向成年人过渡"的问题上。青年群体处于儿童和成年的过渡阶段，具有完全不同的亚文化、社会交往模式和心理特征等，同时，也是西方社会最活跃的一个社会群体，[①]正吸引着心理学、社会学、教育学等不同学科领域的学者进行深入地探讨和研究。研究对象从一开始的"特殊青年群体"转向了更加广泛意义上的"普通青年群体"，研究视角也从特殊青年现

---

① Gabriela Pavarini, Jessica Lorimer, Arianna Manzini. Co – producing research with youth: The NeurOx young people's advisory group model ［J］. Health Expectations, 2019, 22 (3) .

象、问题的成因转向普通青年社会化的一般规律。值得注意的是，在研究方法上，近些年西方的青年研究学者也逐渐对质性研究开始强化，小范围问卷调查、案例研究、焦点小组、内容分析、混合研究等方法越来越多地被研究者所采用，较大规模的问卷调查的使用呈现出下降趋势。这也从侧面反映出西方青年研究的理论构建日益聚焦和深入。

三、研究结论与启示

（一）研究结论

通过对 SSCI 期刊《青年研究杂志》2008—2019 年刊发的论文进行文献计量学和 CiteSpace 知识图谱可视化分析，我们可以得出以下基本结论。

1. 国际青年研究的基本现状

第一，在核心作者群方面，澳大利亚莫那什大学的 S. Roberts、澳大利亚纽卡斯尔大学的 D. Farrugia、英国牛津大学的 L. McDowell 等，均是对青年问题进行了长时间关注、成果丰硕的研究者；第二，在作者所在国家（地区）及机构分析方面，英格兰、澳大利亚、加拿大、美国、苏格兰等以英语作为母语的国家是国际青年研究的学术中心，拥有较高的国际学术话语权。

2. 国际青年研究的热点和主题

国际青年研究的热点和主题，常以跨学科和多学科的形式展开。重点关注四大领域：青年的政治生活和政治行为问题，青年较为典型的不良行为，青年的社会化发展，互联网环境下青年社会交往和教育问题。

3. 青年研究学科的研究前沿趋势体现为增强

青年学学科研究的前沿趋势，减弱和新兴三种趋势。其中，增强趋势重点关注青年向成年人过渡的青年社会化问题，主要涉及"初显成人期"、青年亚文化和"选择传记"等；减弱趋势主要是青年政治冷漠、社会融入问题的研究；新兴趋势主要是从社会阶层、"尼特族"、社会文化等视角，探讨青年向成年过渡的社会机制和发展路径问题。

（二）研究启示

1. 加强研究方法科学化，建立青年发展相关数据库

从国际青年的研究现状来看，以量化分析、方程建模等为主要的科学研究范式，依然是当前国际青年研究的主流研究方法，特别是随着心理学、社会学等多学科视角的结合，国际青年研究的实证科学研究倾向愈加突出。目前，我国青年研究在研究方法和范式上，虽然呈现出多元化发展方向，一些常用的问卷、访谈、线性模型定量分析和质性研究也已经得到较好的推广。但是这些研究方法依然集中在青年社会学领域中，有关共青团工作、少先

队工作、志愿者等问题的研究依然以思辨、说理研究为主，在随机实验控制、模型选择等科学研究范式的选择和应用上与国外同行的差距依然较大。这种研究方法和语言的差异也加剧了我国青年研究在国际学术话语权上的缺失，世界青年学术界很难听到来自中国的青年问题研究学者的声音。此外，由于科学研究范式的开展要以真实可靠的数据为基础，但是我国在大规模青年基本数据库建设方面还处于起步阶段，与欧美国家相比，我国在青少年发展数据收集、公开等方面的力度依然不足，进而影响到我国青年研究的科学实证范式的进一步发展。因此，政府一方面需要加大有关青少年发展数据的公布与开放，另一方面，也要组织开始针对我国青少年发展的数据收集和信息数据库建设，有步骤有计划地建立并完善中国青少年发展数据库。

2. 在坚持基础理论研究的前提下，突出"问题导向"

与国外青年研究成果相比，我国青年研究更加关注青年群体的热点现象和新兴问题，不少应用研究也呈现出参照国外调查、实验，借用模型等"学术移植"现象，而对有关中国青少年发展的创新性基础理论研究相对较少，对国外新兴主要理论的本土化学习和借鉴较弱。2017 年，中共中央、国务院印发了《中长期青年发展规划（2016—2025 年）》，将青年发展提升到民族和国家战略发展高度。因此，青年研究学者更加有义务和责任瞄准国家重大需求，以高度的历史使命感和责任感，推进中国青年研究的基础理论研究，实现国际视野与中国国情的有机结合，为新时代中国青年事业发展提供坚强的理论、智力支持。另外，由于青年研究本身是一门应用性极强的社会科学学科，青年研究的学者不应该囿于追逐高光热点，为发表论文而发表论文，还是要在夯实学科基础理论的前提下，服务国家关于青年发展的重大政策需求。同时，也要提高我国青年研究的国际化水平，关注国际青年研究的学术前沿，结合我国青年现象、青年问题进行本土化和创新研究，在国际青年研究领域发出中国声音，提出中国方案，贡献中国智慧。

3. 强化多学科研究视角，提升青年研究的理论内涵

通过对国外青年研究文献的分析发现，国际青年研究的视角从未局限在某一学科或者专业之中，相反，教育学、公共管理学、心理学、生理学、生态学等多个学科都成了青年研究的理论基础，多学科视角、跨学科合作已经成为国际青年研究的基本态势。我国青年研究也需要继续加大多学科研究的广度和深度，坚持问题导向，把相关学科的基础理论和研究方法及时地借鉴到青年研究中来，在解决实际问题中积累学科知识，构建学科理论体系。在具体的研究工作中，要处理好多学科视野与青年学学科建设的关系。一方面，要努力避免唯"青年"而研究青年的"学科关门"倾向。不能将青年问题窄化成为一个"社会学问题""心理学问题"或者"思政教育问题"，既可以借鉴国际青年学研究的"问题域"发展方式，围绕有关青年发展的经典问题，组织和邀请不同学科的专家学者开展研究探讨，也要鼓励不同学科的研究者从

自身学科的视角来研究最新的、不同的青年问题，从多学科的理论视角分析青年问题，从而沉淀形成青年学学科的经典研究问题和基本理论。另一方面，更要警惕因多学科研究而带来的"去学科化"倾向，不能因为青年学或者青年问题研究的多学科视角，就否定了青年学作为一门独立学科存在的可能性和必要性，将青年研究泛化成归属任何社会科学的"研究领域"。本研究发现，在国际青年研究领域中占据主导地位的研究机构依然是大学，高发文量的高校之间也存在着较为密切的科研合作。这些高校的青年研究开始从单纯的多学科视角，逐步转变成围绕着青年较为典型的不良行为、青年的社会化发展、互联网环境下青年社会交往和教育等问题，而形成较为稳定的学者队伍和研究方向，开始了青年学学科化的初步进程。这也为我国的青年学学科建设提供了一个可行性，即突破"共青团办青年学"的部门局限，从"大青年学科"的站位出发，围绕青少年发展问题，强化团属青少年研究机构和国内高校的科研合作，进而依托高校的科学研究和人才培养职能实现我国青年学的学科化。总之，立足我国青年发展，坚持青年研究学科化的立场，强化青年研究的多学科研究视角，努力提升青年研究的理论内涵，是我国青年研究学科化进程的一个基本方向。

参考文献

［1］马赫列尔．青年问题和青年学［M］．陆象淦，译．北京：社会科学文献出版社，1986.

［2］夏林．青年学［M］．郑州：河南人民出版社，1987.

［3］谷迎春，杨张乔．青年学导论［M］．哈尔滨：黑龙江人民出版社，1987.

［4］邱伟光，罗洪铁．青年学［M］．重庆：西南师范大学出版社，1988.

［5］黄振平．青年研究学［M］．南京：河海大学出版社，1988.

［6］金国华．现代青年学［M］．北京：中国青年出版社，1989.

［7］吴广川．青年学辞典［M］．长春：吉林人民出版社，1989.

［8］黄志坚．青年学［M］．北京：中国青年出版社，1988.

［9］邹学荣．青年学概论［M］．北京：高等教育出版社，1992.

［10］金国华．青年学［M］．北京：中国青年出版社，1999.

［11］华勒斯坦，刘建芝，等．学科·知识·权力［M］．北京：生活·读书·新知三联书店，1999.

［12］伯顿·克拉克．高等教育系统——学术组织的跨国研究［M］．王承绪，等译．杭州：杭州大学出版社，1994.

［13］赵敦华．现代西方哲学新编［M］．北京：北京大学出版社，2011.

［14］道格拉斯·C. 诺斯．制度、制度变迁与经济绩效［M］．杭行，译．上海：格致出版社，2009.

［15］胡塞尔．欧洲科学危机和超验现象学［M］．张庆熊，译．上海：上海译文出版社，1988.

［16］黄志坚．青年学新论［M］．北京：中国青年出版社，2004.

［17］理查德·亨特利．科学的智力组织和社会组织［M］．赵万里，包万林，译．北京：北京大学出版社，2011.

［18］迈克尔·吉本斯，等．知识生产的新模式——当代社会科学与研究的动力性［M］．陈洪捷，沈文钦，等译．北京：北京大学出版社，2011.

［19］亨利·埃茨科威兹．国家创新模式——大学·产业·

政府"三螺旋"创新战略 [M]. 周春彦, 译. 北京: 东方出版社, 2014.

[20] 杰勒德·德兰迪. 知识社会中的大学 [M]. 黄建如, 译. 北京: 北京大学出版社, 2010.

[21] 金吾伦. 跨学科研究引论 [M]. 北京: 中央编译出版社, 1997.

[22] 陈悦, 陈超美, 胡志刚, 等. 引文空间分析原理与应用 CiteSpace 实用指南 [M]. 北京: 科学出版社, 2014.

[23] 李喜先. 21 世纪 100 个交叉科学难题 [M]. 北京: 科学出版社, 2006.

[24] 朱丽·汤普森·克莱恩. 跨越边界: 知识 学科 学科互涉 [M]. 姜智芹, 译. 南京: 南京大学出版社, 2005.

[25] 刘仲林. 现代交叉科学 [M]. 杭州: 浙江教育出版社, 1998.

[26] 王建华. 学科的境况与大学的遭遇 [M]. 北京: 教育科学出版社, 2014.

[27] 沃勒斯坦, 等. 开放社会科学 [M]. 刘锋, 译. 北京: 生活·读书·新知三联书店, 1997.

[28] 大卫·布鲁尔. 知识和社会意象 [M]. 艾彦, 译. 北京: 东方出版社, 2001.

[29] 托马斯·库恩. 必要的张力——科学的传统和变革论文选 [M]. 范岱年, 纪树立, 译. 北京: 北京大学出版

社，2004.

[30] 托马斯·库恩. 科学革命的结构 [M]. 金吾伦，胡新和，译. 北京：北京大学出版社，2004.

[31] 伊曼纽尔·沃勒斯坦. 否思社会科学——19 世纪范式的局限 [M]. 刘琦岩，叶萌芽，译. 北京：生活·读书·新知三联书店，2008.

[32] 马克斯·舍勒. 知识社会学问题 [M]. 艾彦，译. 南京：译林出版社，2015.

[33] 沃勒斯坦. 知识的不确定性 [M]. 王昺，等译. 济南：山东大学出版社，2006.

跋

　　高质量的青年工作需要高水平的青年理论，高水平的青年理论呼唤高质量的青年研究，而研究发展的根基在其学科建设。青年学在中国的兴起，如果以 1986 年中央团校在杭州举办的"首届全国青年学研讨会"为标志，已经走过了 30 余年。① 从那时起，学界关于青年学学科建设的问题便一直随着我国青年研究事业的蓬勃发展而延续至今。学科建设问题虽然是关涉青年学学科存亡的核心问题，但由于其研究的范围较为狭窄，所用理论有限，很难有所创新和突破，因此，也便逐渐成为青年研究中的一个十分偏冷的"显学"。直到 2015 年，青年学学科建设问题才重新被学界所关注。2015 年 7 月，中共中央召开党的群团工作会议并印发《关于加强和改进党的群团工作的意见》，提出："加强群团工作学科建设，群团工作研究列入国家哲学社会科学研究规划。"在

---

① 黄志坚．加强青年学研究的十点思考［N］．中国青年政治学院校报，2018 - 09 - 15（04）．

共青团工作中，首推青年学学科建设，这既是学术发展的必然，也是社会实践的呼唤。2017 年 4 月，中共中央、国务院印发《中长期青年发展规划（2016—2025 年)》，明确提出："在社会科学研究机构、高等院校加强青年学研究。"至此，被学界呼吁多年的"青年学"首次出现在国家正式文件中，也在一定程度上体现了国家对青年学学科的一种认可，青年学学科建设研究也再次迎来了新的高峰期。

2004 年，中国青少年研究中心的黄志坚教授出版了《青年学新论》一书，他把该著作的"卷首语"命名为"殷殷寄情后来者"，表达了老一辈学者对后继研究者的期许与鼓励。时至今日，经过十余年的发展，中国青年学学科建设研究理应站在前人研究的基础上，以更加宽广的多学科胸襟，积极借鉴我国哲学社会科学事业大发展、大繁荣的理论成果，从新的研究基础和理论视角审视和解决青年学学科建设面临的新问题与新情境。基于此，本书突破了传统青年学学科教材、青年学学科原理的写作范式，把研究聚焦在青年学学科建设本身存在的理论与实践问题上，从高等教育学、知识生产模式理论、学科建设理论等角度，尝试去论证和阐释我国青年学学科建设的学理依据及发展路径，力争彰显青年学学科建设研究的新思路和新成果。

在本书付梓之际，我要感谢所有关心和支持我研究和出版的同仁亲朋。中国青少年研究中心常务副主任刘俊彦研究员在得知我在撰写本书后，给予了很大的肯定和帮助。年已耄耋的黄志坚教授，听闻本书后欣然为本书题写序言，并花费大量时间和精力，几易其稿，悉心指导书稿的修改与完善。黄教授严谨的治学之风，对青年事业的热爱之情，以及对青年研究人员的谆谆教诲、殷切期望都让我受益颇多，亦感到莫大的支持与鼓励！中国青少年研究中心的王珑玲、胡献忠、马金祥等老师对本书写作的谋篇布局提出了诸多宝贵意见。浙江工业大学教育科学与技术学院的李晓老师对本书的写作也提供了指导。本书出版同时得到了中国青少年研究中心个人著作出版专项资助，以及"光明社科文库"资助推荐出版项目的大力支持，本人在此一并表示深深的感谢。

由于作者水平所限，书中难免存在不足和谬误之处，恳请学界同人和广大读者批评指正。

郑　浩

2020 年 4 月 9 日